신앙의
면역력

Nihil Obstat:
Rev. Raphael Jung
Censor Librorum
Imprimatur:
Most Rev. John Baptist JUNG Shin-chul, S.T.D., D.D.
Episcopus Dioecesanus Incheonensis
2021. 01. 13.

신앙의
면역력

교회인가 2021년 1월 13일
초판 1쇄 발행 2021년 2월 10일
초판 3쇄 발행 2021년 4월 12일

글 명형진

펴낸이 (사)미래사목연구소
펴낸곳 위즈앤비즈
디자인 박은영
주소 경기도 김포시 고촌읍 신곡로 134
전화 031-986-7141 **팩스** 031-986-1042
출판등록 2007년 7월 2일 제409-3130000251002007000142호

ISBN 978-89-92825-05-4 03230
값 12,000원

건강한 신앙생활을 위한 안내서

신앙의
면역력

명형진 지음

위즈앤비즈
Wisdom & Vision

＊**현상** : 유사종교들의 곡해. 곡해된 내용으로 사람들에게 접근하는 과정

＊글

＊더 읽어보기 : 『가톨릭 교회 교리서』와 『간추린 가톨릭 교회 교리서』를 직접 인용

＊우리들의 노력 : 우리에게 요구되는 실천

"나를 누구라고 하느냐?"라고 물으시는
예수님의 질문에 응답할 수 있는 신앙인이
되기 위해, 또한, 믿음을 굳건히 하기 위해
지금 우리는 최선의 노력을 해야한다.

"믿음은 우리가 바라는 것들의 보증이며 보이지 않는 실체들의 확증입니다"(히브 11,1).

2020년, 온 세계가 코로나19 바이러스로 인해 고통을 겪고 있는 시기, 우리는 코로나19 바이러스의 예방에 힘썼습니다. 백신을 기다리며, 타인과의 사회적 거리두기를 지켜왔고, 바이러스를 이겨내기 위해 면역력을 기르고자 애썼습니다.

외부에서 들어오는 병원균을 저항하는 힘인 '면역력'은 비단 바이러스에만 있지 않음을 명형진 신부님의 『신앙의 면역력』이라는 책을 통해 새삼 느끼게 되었습니다. 우리가 바라는 것들의 보증이며 보이지 않는 실체들의 확증인 믿음을 길러내기 위해, 그리고 우리의 믿음을 현혹하고 유혹하는 것들에 대해 저항하기 위한 면역력은 신앙에도 필요한 것입니다. 우리 신앙의 면역력을 길러가는 노력은 우리가 믿는 바를 알고자 하는 노력이요, 믿는 바를 실천하는 것입니다.

명형진 시몬 신부님은 가톨릭 신앙과 합치될 수 없는 사상들에 맞서, 올바른 신앙의 이해를 위해 가톨릭 교리를 전달하고자 노력하며 연구하고 강의하고 있습니다. '인천주보'를 통해서도 교구 신자들에게 올바른 신앙을 전하고, 또한 선교사목부에서 소임하면서 유사종교로 어려움을 겪고 있는 이들과 함께 하는 사목활동을 하고 계십니다. 그런 신부님의 노력으로 출판되는 이 책『신앙의 면역력』이 유사종교뿐만 아니라 우리의 신앙을 어려움에 빠뜨리는 유혹에서 멀어지도록 도와주며, 가톨릭 교리가 어렵고 따분한 것만이 아니라 하느님께서 우리에게 들려주시는 하느님의 이야기임을 전하는 길잡이가 되기를 바라봅니다.

　　아울러, 이 책을 읽는 모든 분들의 신앙이 더욱 굳건해지기를 바라며, 주님 안에서 평화가 가득하기를 기도합니다.

2021. 1. 12.

정신철 요한 세례자 주교

책머리에

학위 논문을 마무리하고 귀국을 준비할 즈음, 한국에 있는 지인과 통화를 나눌 일이 있었습니다. 교의신학 분야를 공부했기에 귀국하여 교회에 어떤 몫이 되어야 하는가를 고민하던 중, 신자들은 하느님에 대해 얼마나 알고 있을까 궁금했습니다. 그래서 지인에게 물어봤습니다.

"자매님은 성당에서 봉사도 열심히 하시고, 기도도 열심히 하시는데, 혹시 그리스도의 육화와 부활에 대해서, 그리고 삼위일체에 대해서 어떻게 알고 계시는지 설명 한번 해주실 수 있을까요?"

제 질문을 들은 지인의 답은 이러했습니다. "신부님! 갑자기 왜 그러세요? 쑥스럽게 그런 걸 물어보세요? 잘 몰라요….."

그렇습니다. 우리 한국 천주교회의 신자들은 성당에 열심히 나가서 기도하고 봉사하는 생활로서의 '신앙의 태도'를 열심히 길러왔습니다. '믿음은 행동하는 것이고, 행동을 통해 믿음은 자란다'는 마음으로 열심히 성당에 나갔습니다. 물론 그것은 중요합니다. 하지만 정작 '무엇을 믿는가?'라는 질문 앞에, '믿음의 내용'에 대한 설명에 대해서는 주저합니다. 하느님을 믿는다고 말하면서 하느님이 누구신지 잘 알지 못하고, 잘 알 수 없었습니다. 이것은 물론 저와 대화를 나눈 신자분의 탓만은 아닐 것입니다.

그래서 귀국을 앞두고, 한국에 돌아가서 신학을 하는 사람으로서 보다 쉽게 하느님에 대한 이야기를 나누고 싶다는 생각을 갖게 되었습니다.

이번 글은 천주교 인천교구청 홍보실장 신부님께서 '유사종교에 대한 이야기'를 주보를 통해 나누어 달라고 요청하신 것에서 시작되었습니다. 다만 저는 저의 첫 번째 책인 『당신의 신앙은 안녕하신가요?』(2019, 인디콤)를 통해 유사종교에 대한 소개와 이야기는 나누었다고 생각했기에, 이제는 우리의 신앙에 대해, 우리의 교리에 대해 보다 올바른 이해를 갖는 것이 유사종교를 예방하고 대응하는 길이라고 제시했습니다. 그리고 2020년, 총 16편의 글이 '인천주보'에 게재되었고, 이 책에서는 그 글에 살을 더하고, 자세한 상황의 이해를 돕고, 무엇보다도 가톨릭 교회 문헌들을 직접 읽어보고 실천으로 옮길 수 있는 길을 제시하고자 했습니다.

이 글이 있기까지 부족한 저를 끊임없이 지원해주시고 응원해주시며 추천의 글까지 전해주신 정신철 요한 세례자 주교님께 진심으로 감사드립니다. 그리고 보다 나은 어문을 위해 저의 글을 반복해서 읽어가며 윤문 작업을 도와준 저의 누나 베로니카에게 감사 인사를 전합니다. 마지막으로 출판을 위해 수고해주신 미래사목연구소 위즈앤비즈와 김상인 신부님께도 감사의 인사를 드립니다.

2021. 1. 12. **명형진** 시몬 신부

목차

건강한 신앙생활을 위한 안내서

01

바이러스와 유사종교

뜻하지 않은 불청객이 찾아왔다. '코로나19(COVID-19)'라는 이름의 불청객은 옆 나라 중국의 한 지방을 출발하여 우리나라에 찾아왔다. 그때만 해도 코로나19의 확산이 그렇게 심각할 것이라고는 생각하지 못했다. '조심하면 되겠지', '금방 종식되겠지'라는 기대를 품고 있었던 우리에게 코로나19는 자신의 존재를 강하게 드러냈다. 맞았다. 그것은 바이러스였다. 라틴어로 '독'이라는 뜻을 갖는 세균보다 작은 전염성 병원체이며, '다른 유기체의 살아있는 세포 안에서만 생명 활동을 하는 전염성 감염원이자 생물과 무생물의 중간적 존재'라고 일컬어지는 바이러스였다.

우리의 기대는 무너져 버렸다. 불현듯 나타난 '31번' 확진자는 '슈퍼 전파자'가 될지 모른다는 우려를 가져왔고, 실로 그로부터 코로나19 바이러스는 그 위세를 떨치며 확진자의 수를 무섭게 증가시키기 시작했다. 걷잡을 수 없이 늘어나는 확진자의 증가에 31번 확진자의 이력은 사회 문제로 떠오르기 시작했다. 그의 감염, 그리고 그로 인해 바이러스가 확산된 경위의 중심에는 우리나라 유사종교(類似宗敎)의 대표 분파인 '신천지 예수교 증거장막성전'(이하 신천지)이 있었다. 이미 신천지 집단은 바이러스가 증식할 수 있는 최적의 조건을 지니고 있었다. 영혼의 바이러스와 같았던 그들의 모습에서부터, 서로가 뿜어대는 비말(飛沫)을 결코 피할 수 없는 그들의 행동 방식까지. 이 모든 것이 안타깝지만 바이러스를 증식시키고 그것을 무고한 이들에게까지 전염시키고 말았던 것이다.

국가의 재난과 같은 암담한 상황에서 역설적이게도 그동안 음지에 있었던 신천지 집단은 세상에 그 모습을 드러내기 시작했다. 자신들은 종교라고 주장하지만 종교라고 칭할 수 없어서 이름 붙여진 '유사종교'라는 부류의 신천지 집단은, 코로나19가 확산되기 이전에도 뜻하지 않은 불청객임은 분명했다. 드러나지 않았지만, 그리고 많은 사람들이 심각하게 받아들이지는 않았지만 신천지 집단은 이미 오래전부터 우리나라 그리스도교 안에서 전염성이 강한 감염원이었다. '교회'라고 자신들을 지칭하며 그리스도를 믿고 고백하는 이들과 다르지 않은 모습으로 자신들을 포장했지만, 그 뒤에 감추어놓은 독침은 눈에 보이지 않을 만큼 서서히 다가와 우리 주변의 누군가를 감염시켰다.

같은 모습이었다. 신천지의 대표라 불리는 교주 이만희도, 그리고 우리가 종종 들어왔던 유사종교 이단 분파인 '천부교'(전도관), '통일교', '하나님의 교회', '여호와의 증인', '몰몬교' 등의 대표들도 그리스도교(가톨릭과 개신교)의 신앙생활로 하느님과의 만남을 시작했다. 하지만 그들은 교회로부터 분리되어 나왔다. 자신을 하느님이라고 칭할 정도로 그들은 그리스도교와 멀어져(分派) 그리스도교를 혼란시키고 있었고, 예수 그리스도를 통한 구원을 갈망하지도 않은 채 자신들이 구원을 이룰 수 있다고 주장하며 신앙의 목적지(端)도 다르게(異) 만들어 놓았다. 그래서 우리는 그들을 유사종교 이단 분파(異端分派)라고 부른다.

신천지로 인한 코로나19의 확산으로 우리 모두가 고통 받고 있는 이 상황과 절묘하게도, 유사종교 이단 분파와 바이러스의 성격은 유사한 측면이 많다. 바이러스는 유기체의 살아있는 세포 안에서만 생명 활동을 한다. 유사종교 이단 분파는 종교가 없는 사람들에게 먼저 다가가기 보다는 그리스도교 신앙인들, 특별히 신앙이 약해 보이는 이들에게 접근한다. 그리고 그들을 속이기 위해 그들과 유사해 보이는 모습으로 생식한다. 바이러스는 유전물질을 운반한다. 유사종교 이단 분파는 잘못된 구원의 헛된 생각을 운반한다. 바이러스는 전염성 감염원이다. 유사종교 이단 분파는 하느님을 찾는 이들에게 다가가 그들의 생각을 빼앗아 자신들이 하느님이라고 세뇌하며 가족도 친구도 개인의 삶도 송두리째 빼앗아가는 감염원이다. 그리고 또 누군가를 자신의 집단으로 끌어들이기 위해 거리로 나서는 전염성 감염원이다. 바이러스는 생물과 무생물의 중간 존재라 하지만, 유사종교 이단 분파는 그리스도교의 어떤 중간 존재도 아닌, 겉으로는 비슷하지만 속으로는 완전히 다른 사이비(似而非)일 뿐이다.

그간 많은 사람들이 유사종교의 바이러스가 확산되는지 모르고 있었다면, 신천지를 통해서 그것은 수면 위로 드러났다. 이제 우리는 더 이상의 확산을 막아야 한다. 종식(終熄)을 희망하며 이로 인해 아파하는 가족도, 자신의 삶을 송두리째 바치는 허상에 빠진 사람들도 모두 구해내야 한다. 예방과 치료 그리고 회복과 완치를 위해서 이제는 우리가 노력해야 할 때이다.

유사종교의 확산

취업에 고민인 한 청년이 찾아왔다. 대학을 졸업하고 원하는 회사에 입사하기는 녹록지 않았다. 근근이 아르바이트를 하며 모아온 돈으로는 생활이 힘들어, 부끄럽지만 부모님께 또다시 손을 벌릴 수밖에 없었다. 주위의 친구들은 어찌 그렇게 좋은 직장에 척척 입사하는지 모르겠다. 그들과 비교하면 한없이 작아지는 자신을 느낀다. 그런 그에게 한 친구는 아르바이트를 소개한다. 자신이 가진 것을 활용하여 쉽게 돈을 벌 수 있는 아르바이트 자리였다. 여기서 '자신이 가진 것'이란 바로 '신앙'이었다. 그는 성당을 다니기에 성경을 알고 있었고, 성경을 알고 있기에 성경에 관한 수필집을 함께 읽어보며 탈고(脫稿)하는 것을 도와준다면 높은 보수를 주겠다는 아주 달콤한 제안이었다. 그렇게 시작된 아르바이트를 한 번, 두 번 하면서 그는 자신이 신앙을 갖게 된 것에 감사하기도 했다. 신앙으로 돈도 벌 수 있으니 말이다. 하지만 아주 '다행히'도 그는 자신이 하고 있는 아르바이트를 어머니에게 이야기했다. 평소 신앙생활을 열심히 했던 그의 어머니는 이야기를 듣고 무엇인가 이

상함을 감지했다. 그리고 며칠 후, 청년은 유사종교에 대한 상담을 의뢰했다.

유사종교 상담의 사례 가운데에서 경미하다고 할 수 있는 예시이다. 하지만 이 사례를 통해 유사종교의 번식과 확산의 양상을 살펴보는 데에는 부족함이 없다.

코로나19로 인해 신천지의 정체가 세상에 알려졌다. 그리고 우리는 바이러스와 유사종교의 성격이 얼마나 유사한지 생각해볼 수 있었다. 하지만 둘 사이에 유사한 것이 하나 더 남아있다. 그것은 바이러스의 확산 방식과 유사종교의 포교(布敎) 방식이다.

바이러스의 증식을 위해서는 숙주(宿主)가 필요하다고 한다. 바이러스는 박테리아나 동식물, 미생물에 이르기까지 그것들이 기생하거나 공생하는 상태의 생물을 통해서 자신을 증식한다고 한다. 유사종교 또한 그러하다. 최근 사회적 이슈가 된 신천지와 같은 집단은 그리스도교와 관련 없는 이들을 포교 대상으로 삼지 않는다. 그들에게 숙주는 아르바이트 자리를 찾고 있었던 청년의 '자신이 가진 것', 곧 신앙이었다. 그들은 그리스도교 신앙을 가진 이들에게 다가간다. 마치 자신들이 정통 그리스도교 신자인 양 탈을 쓰고, 자신들의 정체를 감춘 채 서서히 다가간다. 그리고 면역력이 약한 대상자를 선택한다. 마음이 어려운 이들, 상황이 힘든 이들, 고민이 많은 이들 곁에 기생(寄生)하며 마치 위로와 대안을 가져다주는 듯 가장(假裝)하여, 서서히 자신들이 속한 집단의 주장으로 그들을 물들이고 세뇌시킨다. 이것이 그들의 포교, 아니 확산의 방식이다.

요즈음 '신천지 때문에 난리'라고들 한다. 하지만 유사종교가 일으키는 문제들이 결코 어제, 오늘의 일은 아니었다. 단지 신천지가 보다 기이한 방식으로 사람들을 끌어들이며 세(勢)를 확장했기 때문에 사회적 이슈가 되었고, 국가 재난 상황에서 몰지각한 모습을 보이며 수면 위로 드러났을 뿐이다. 현재 이러한 유사종교 집단이 신천지만 있는 것도 아니며, 신천지조차도 어느 날 갑자기 만들어진 집단은 아니다.

신천지의 시작은 벌써 100년보다 더 앞선, 1910년부터 시작됐다. 나라는 어려운 상황이었다. 일제가 빼앗아간 많은 것들로 인해 사람들은 마음 둘 곳 없는 35년을 보내야 했다. 이때, 헛된 위로와 가장된 대안을 주장하며, 어려움을 이겨낼 수 있게 하는 자신이 바로 구원자(救援子)라고 주장하며 그리스도인들을 선동했던 사람들이 나타나기 시작한다. 그는 개신교 교회로부터 분리되어 자신만의 교회를 차리며 사람들을 불러 모았다. 그리고 그는 자신의 선동에 휩쓸릴만한 사람들을 자신이 속해있던 교회에서 찾았다. 그들 곁에 기생하며 그들의 어려움을 구원해준다 기만했고, 그들의 기복(祈福)적 성향은 그것에 쉽게 기울었다. 그로부터 시작된 분열을 통한 증식은 오늘날까지 이어진다. 우리가 익히 들어왔던 박태선, 김백문, 문선명, 유재열, 이만희가 모두 이 증식 과정에 이름을 두고 있는 이들이다.

종식(終熄)이 가능할지 모르겠다. 하지만 확산은 막아야 한다. 다른 사람도 아닌 하느님을 열심히 찾고 있는 내 가족, 내 친구, 내 옆의 형제·자매 곁에 기생할지 모르는 그들을 찾아내야 한다. 그리고 막아야 한다. 우리가 가진 것의 전부인 고귀한 신앙이 그들의 숙주가 되어서는 안 될 일이다.

03

유사종교의 종식 전망

"식사는 골고루 하시고요, 스트레스받지 말고 긍정적인 마음을 지니세요. 충분히 휴식하시고 잠을 잘 주무세요. 그리고 규칙적인 운동은 꼭 필요합니다."

이 말은 우리가 일상에서 자주 들어왔던 말이다. 특히 병원에서 의사가 병을 진단한 후 자연스레 덧붙이는 말이다. 너무나 일상적으로, 형식적으로 하는 말로 느껴질지 모르지만, 이 말은 병으로 아파하는 사람뿐만 아니라 잘 살아가고자(well-being) 노력하는 모두가 새겨야 할 중요한 말이다. 왜냐하면 식사를 골고루 하며 필요한 영양소를 섭취하고, 스트레스로 몸과 마음을 힘들게 하지 않으며, 충분히 휴식하고, 잠을 잘 자고 규칙적으로 운동한다면 우리의 몸은 건강하게 유지될 뿐 아니라, 우리 몸을 괴롭히는 병이 찾아왔을 때 이를 잘 이겨낼 수 있는 면역력을 높일 수 있기 때문이다.

굳이 의사가 이 말을 반복하지 않는다고 하더라도 우리는 면역력을 높여 몸을 건강하게 하는 다양한 방법을 잘 알고 있으며, 어떤 음식이 몸 건강에 도움이 되는 음식인지에 대한 정보는 사실 차고 넘쳐 무엇을 선택해야 할지 모를 지경이다. 그런데 우리에게 몸 말고도 인간 존재를 지탱하게 하는 또 한 가지 중요한 영역이 있으니, 그것은 '영혼'이다. 그렇다면 우리의 '영혼 건강'은 어떻게 유지될 수 있을까? 영혼의 면역력을 높여 건강하게 하고, 영혼을 괴롭히는 무언가가 찾아왔을 때 그것을 잘 이겨낼 수 있는 방법을 우리는 잘 알고 있는가?

영혼의 건강을 유지해야 하는 다양한 이유 가운데 하나가 바로 유사종교의 종식 전망과 관련이 있다. 왜냐하면 유사종교는 영혼의 건강을 빼앗아가는 이들이기 때문이다. 스리슬쩍 다가와 강한 독을 뿜어 영혼의 건강을 빼앗아간다. 영혼은 육체와 같지 않아서 병을 입었을 때 발생하는 고통도 느끼지 못할 때가 많다. 그렇게 은밀하게 찾아와 달콤한 사탕을 건네주는 척하며 영혼의 파괴를 자행한다. 맞다. 입에 단 것은 몸에 쓰다. 영혼에 단 것처럼 느껴지는 그들의 가장된 친절 또한 영혼에는 독이었다.

그들의 은밀한 발걸음은 100여 년 전, 곧 1910년부터 다가오고 있었다. 그리고 최근에는 그 방법이 더욱 교활해져 부지불식(不知不識)간에 영혼을 물들이고 만다. 30년이 넘게 여기저기 은밀한 발걸음을 옮기던 유사종교의 한 분파인 신천지는 코로나19로 인해 세상에 그 모습이 낱낱이 드러났다. 이로써 많은 사람들은 이 분파가 자멸할 것이라고 예상하고 기대했다. 그들의 낯이 너무나 두껍기에, 설마 지금의 상황에서도 지속될 수 있겠냐고 상식선에서 예견했다. 하지만 그 전망은 그리 예리하지는 못했다. 오히려 신천지는 세상에 드러난 사건으로 인해 내부의 결속을 더욱 공고히 다질 것이라는 전문가들의 전망이 주를 이룬다. 그리고 다른 한편에서는 신천지의 대표 이만희 사후의 후계 구도에 대한 예측들이 다양하게 점쳐졌다. 쉽게 이야기하면, 신천지는 없어지지 않을 것이다. 설사 신천지가 없어진다고 하더라도 그들을 잇는 유사종교는 없어지지 않을 것이다. 또 다른 이단 분파가 생겨날 것이다. 그리고 그들은 더욱 교묘한 방법으로 사람들을 유혹할 것이다.

우리 주변에 기생(寄生)하며, 이제는 그것이 유사종교의 한 분파인지도 인식하지 못할 정도로 익숙해져 있는 '통일교', '전도관(천부교)', '하나님의 교회', '여호와의 증인', '몰몬교'가 그러했고, 그들에게 속해있던 다양한 사람들이 저마다의 구원자를 꿈꾸며 자신만의 분파를 만들어냈기 때문이다. 그리고 이것은 비단 가톨릭교회 밖의 이야기만은 아니다. '나주 윤 율리아', '로사리오회(베이사이드)'와 같은 집단을 통해서 볼 때, 가톨릭교회 안에서도 마음을 놓고 있을 수는 없는 상황이다.

안타깝게도 그들은 종식되지 않을 것이다. 그렇다면 어떻게 해야 할까? '그런 곳에 절대 가지 마세요!'라는 형식적이고 '영혼 없는' 말로, 우리의 영혼이 그리고 우리 주변 형제·자매의 영혼이 과연 건강해질 수 있을까?

이제 우리는 '영혼의 면역력'을 키워야만 한다. 균형 잡힌 식습관을 갖추어, 가톨릭 신자는 무엇을 믿는지 그리고 믿어야 하는지에 대한 올바른 지식을 섭취해야 한다. 규칙적인 운동과도 같은 기도 생활 안에서 규칙적으로 하느님을 만나야 한다. 긍정적인 마음가짐과 자세로 내 주위의 형제·자매를 사랑해야 한다. 그리고 충분한 수면과 휴식으로 주님과 만나는 날을 거룩하게 맞이해야 한다.

유사종교가 종식되지 않을 것이라는 전망 앞에 두려워할 필요는 없다. 우리가 가진 "희망에 관하여 누가 물어도 대답할 수 있도록 언제나 준비"(1베드 3,15)해 둔다면, 우리 영혼을 해치려는 어떠한 유혹도 이겨낼 수 있는 '영혼의 건강'을 지켜갈 수 있기 때문이다.

04

유사종교의 대응 –
"나를 누구라고 하느냐?"(마르 8,27)
믿는 바를 알고자 하는 노력

01 현상

　유아세례를 받고 오랜 기간 냉담했다. 나의 모습을 보고 엄마는 항상 "성당 가야지!"라는 말을 입에 달고 지내셨다. 대학에 입학하면 성당에 가리라고 약속했고, 대학생이 되어 아주 오랜만에 미사에 참례했다. 처음 찾은 청년 미사에서 청년들은 처음 보는 나를 반겨주었다. 그러면서 서로 가까워졌고 점차 성당에 가는 시간이 즐거워졌다. 미사 시간에 신부님이 하시는 말씀이 잘 귀에 들어오지는 않았지만, 일주일 동안 얽매여 있던 학교와 알바에서 벗어나 만나는 성당 청년들은 '이래서 형제·자매구나' 하는 생각이 들 만큼 소중한 존재였다.

　그런데 얼마 지나 그 관계는 점점 시들해졌다. 아니 시들해졌다기보다는 마음이 더 가는 모임이 생겼다. 학교 동아리였다. 매일 가는 학교에서 동아리를 이뤄 만나는 친구들과 선배들은 성당에서 만나는 청년들만큼이나 따뜻하게 다가왔다. 그들과는 매일 만날 수 있기 때문에 함께하는 시간이 길어지면서, 주일에 성당에 가는 시간보다 동아리 친구들과 만나는 시간이 더 재미있어졌다. 그즈음, 동아리의 한 선배가 내가 성당에 다닌다는 것을 알고 하느님에 대해 물어보았다. 사실 나는 잘 알고 있지 못했다. 성당에서 말하는 하느님이 누구인지에 대해서도 잘 대답하지 못했다. 그런 나를 보고 선배는 '하느님에 대해서 함께 배워보지 않을래?'라고 제안한다. '그래! 엄마가 성당 열심히 다니라고 했는데 내가 그러지 못하고 있었네! 이참에 선배를 통해서 하느님에 대해서 잘 배워보고 성당에 나가보자! 이 선배는 누구보다 믿을만한 사람이니까 나를 잘 이끌어 줄 거야!'라고 생각하며, 신앙에 대해 나눌 수 있다는 모임에 나가기 시작한다. 그런데 그 모임을 지속하다 보니… 나는 어느새 성당이 아닌 교회의 간판으로 위장한 유사종교 집단에 열심인 사람이 되어있었다.

02 "나를 누구라고 하느냐?"(마르 8,27)- 믿는 바를 알고자 하는 노력

'전능하신 천주 성부…'라고 사도신경이 시작되면 우리 신자들은 언제 어디서건 곧바로 '천지의 창조주를 저는 믿나이다'라고 자동적으로 응답할 수 있다. 세례를 받기 위해 예비자 교리를 들으며 외울 때는 그리도 잘 외워지지 않았지만, 주일미사 때마다 외우는 신앙 고백문(신경, 信經, Credo)이 이제는 우리 입에 착 달라붙어 있다. 그런데 그 내용의 의미 또한 우리 마음에 착 달라붙어 있을까?

유대인의 사상을 집대성한 책『탈무드』에서는 세상을 지탱하는 세 기둥이 있다고 설명한다. 첫 번째 기둥은 '경전 공부', 두 번째는 '하느님께 드리는 예배'이고, 세 번째 기둥은 자선활동, 곧 '사랑의 실천'이라는 것이다. 그런데 이것은 우리의 신앙생활을 지탱하는 세 기둥으로 표현할 수도 있다. 첫 번째는 경전의 공부, 즉 우리가 믿는 바를 이해하고자 '공부'함으로써 세워지는 기둥이다. 두 번째는 하느님께 드리는 예배, 곧 미사성제(聖祭)와 성사 생활을 통한 전례의 참여, 그리고 우리 각자가 바치는 기도를 통해서 세워지는 기둥이다. 마지막 세 번째는 이웃 사랑의 계명인 사랑의 실천이다. 세 기둥 가운데 어느 하나가 흔들리면 그 기둥이 떠받치고 있던 것은 위태해지듯이, 우리의 신앙생활에서도 이 세 가지 중 어느 하나라도 흔들리거나 균열이 생긴다면 우리의 신앙 전체는 위태로워질 것이다.

우리는 열심히 미사에 참례하고 기도 생활을 하며 두 번째의 기둥을 튼튼하게 세운다. 그리고 '서로 사랑하라'는 예수님의 말씀에 따라 주위의 형제·자매를 사랑하기 위해 노력하며 세 번째 기둥을 쌓아 올린다. 하지만, 남은 하나의 기둥은 다소 낯설게 느껴져 미처 튼튼하게 유지하고 보수하지 못했다. 무릇, 이 첫 번째 기둥을 세우는 일은 예비자교리로 모두 끝났다고 생각할 때도 있다.

유사종교 이단 분파는 교묘하게 포교 대상자의 흔들리는 기둥을 찾아낸다. 그리고 자신이 믿는 바를 이해하기 위해 '공부'하여 견고하게 세워야 했지만 다소 부실하게 남아있는 그 기둥을 더욱 흔들어 놓는다. 그리고는 "성당에서는 그런 것을 잘 가르쳐주지 않으니까 쉽고 빨리 배울 수 있는 곳에 가서 들어보실래요? 몇 번만 들으면 신앙심이 더 커질 수 있어요!"라고 유혹한다.

"교리 내용은 잘 몰라도 성당 열심히 다니면서 사랑하며 살고자 노력해요!", "성당에 가면 친한 형제·자매님들 있어서 좋아요!", "성당에서 하는 모임이 즐거워요!"라며 신자들은 저마다의 신앙 동기를 갖고 있다. 하지만 '아는 만큼 보인다'라는 말처럼 우리가 믿는 하느님에 대해서 더 알아가고자 노력한다면 우리의 믿음은 더욱더 깊어지고 우리의 가슴은 더욱 뜨거워질 수 있을 것이다.

우리 인간은 과연 하느님을 알 수 있을까? 교회는 '그렇다'고 가르친다. 하느님은 당신을 알 수 있는 능력을 우리에게 주셨다. 창조 때 우리의 코에 불어 넣어진 숨(창세 2,7)으로 당신과 닮은 모습을 이루게 해주셨다(Imago Dei). 인간을 얼마나 사랑하셨으면 당신과 닮게 만드셨으며, 당신의 흔적을 그리도 남기고 싶어 하셨을까? 우리는 그 흔적을 따라 하느님을 알 수 있는 기회를 얻은 유일한 창조물이 되었다. 다만, 우리가 그것을 깨닫고 하느님을 찾아 나서는 노력, 더욱 가까이 하느님을 보기 위해서 더 알고자 노력하는 것은 우리의 몫으로 남겨져 있다.

우리의 신앙을 시험하는 사람들이 늘어난다. 마치 성당에 가면 무엇을 믿고 그것이 무엇에 좋은가에 대해서 설명해보라는 듯이, 그리고 그것을 만족스럽게 가르쳐주지 못하는 성당에 가지 말고 자신의 집단에 함께 해서 그 해답을 찾자고 유혹하는 사람들이 찾아온다. 우리가 믿는 바를 알아야 한다는 것이 그들의 위협에 맞서기 위한 일시의 노력이 될 필요는 없다. 오히려, "나를 누구라고 하느냐?"라고 물으시는 예수님의 질문에 응답할 수 있는 신앙인이 되기 위해, 또한, 믿음을 굳건히 하기 위해 지금 우리는 최선의 노력을 해야한다.

03 더 읽어보기

『간추린 가톨릭 교회 교리서』

신앙은 무엇입니까?

신앙이란, 당신을 계시하시는 하느님께 인간이 인격적으로 온전히 귀의(歸依)하는 것입니다. 신앙은 또한 하느님의 계시를 지성과 의지로써 받아들이는 것입니다. 믿기 위해서는 하느님의 은총이 필요합니다. 그렇지만 하느님의 계시 진리를 받아들여 하느님께 귀의하는 신앙은 또한 의식적이고 자유로운 인간 행위입니다(35쪽).

『가톨릭 교회 교리서』

154항 믿는다는 것은 성령의 은총과 내적인 도움으로만 가능하다. 그렇지만 믿는 것이 참으로 인간적 행위라는 것 또한 사실이다. 하느님을 신뢰하고 그분께서 계시하신 진리를 따르는 것이 인간의 자유나 지성에 반하는 것은 아니다. 인간관계에서조차 우리가 상호 일치를 위해 타인이나 그 의향을 믿고(예를 들어 남자와 여자가 혼인할 때처럼), 그 약속을 믿는 것이 우리의 인간적 품위를 손상시키지는 않는다. 그러므로 "계시하시는 하느님에 대한 우리 지성과 의지의 완전한 순종을 신앙을 통하여 드러내고", 하느님과 친밀한 일치를 이루는 일은 결코 우리의 품위를 해치는 것이 아니다.

155항 신앙 안에서, 인간의 지성과 의지는 하느님의 은총과 협력한다. "신앙은 하느님의 은총으로 움직여진 의지의 명령에 따라, 하느님의 진리에 동의하는 지성적 행위이다."

156항 계시된 진리들이 우리의 자연적 이성에 비추어 참되고 이해할 수 있는 것으로 드러난다는 사실이 신앙의 동기는 아니다. "스스로 그르칠 수 없고 우리를 그르치게 하지도 않으시는, 계시하시는 하느님 바로 그분의 권위 때문에" 우리는 믿는다. "그럼에도 우리의 신앙적 동의가 이성에도 부합하도록, 하느님께서는 성령의 내적 도움이 당신 계시의 외적 증거들과 함께 주어지도록 하셨다." 예를 들어 그리스도와 성인들의 기적, 예언, 교회의 확산과 그 거룩함, 그 풍요함과 확고함은, "모든 이의 지성이 파악할 수 있는, 계시에 대한 확실한 증거들이며", 신앙의 동의가 "결코 정신의 맹목적인 작용이 아니라는 것"을 보여 주는 믿음의 동기들이다.

157항 신앙은 확실한 것이며, 그것이 거짓 없으신 하느님의 말씀 자체에 근거하기 때문에 인간의 모든 인식보다 더 확실하다. 물론 계시된 진리들이 인간의 이성이나 경험에 비추어 모호하게 보일 수는 있으나 "자연적 이성의 빛이 주는 확실성보다 하느님의 빛이 주는 확실성이 더 크다." "만 가지 어려움도 하나의 의심을 만들어 내지는 못한다."

158항 "신앙은 이해를 요구한다." 믿는 사람은 누구나 자기가 믿는 분을 더 잘 알고자 하며 그분의 계시를 더 잘 이해하고자 한다. 한편 더 깊은 이해는 다시금 더 강하고 점점 더 사랑에 불타는 믿음을 불러일으킨다. 신앙의 은총은 "마음의 눈"(에페 1,18)을 열어 줌으로써 계시의 내용을 있는 그대로 이해하게 한다. 거기에는 하느님의 계획 전체, 신앙의 신비, 신비들의 상호 관계, 계시된 신비의 중심이신 그리스도와 이루는 관계에 대한 이해가 포함된다. 그리고 "성령께서는 계시에 대한 이해가 더욱 깊어지도록 당신의 은총으로 항구히 신앙을 완성시켜 주신다." 그러므로 아우구스티노 성인의 금언대로 "믿기 위하여 이해하고 이해하기 위하여 믿는다."

04 우리들의 노력

- 우리가 믿는 하느님에 대해서 알아보고자 사도신경을 천천히 외우며 묵상해 봅시다.
- 교리의 지식을 공부할 수 있는 책 또는 인터넷 자료를 검색해봅시다(※인터넷 자료는 특별한 주의가 필요합니다. 우리가 쉽게 검색하는 내용 중 '하나님'이라는 개신교 언어로 분류될 수 있는 자료뿐만 아니라 '하느님'이라고 칭하면서도 가톨릭 교리에 어긋나는 자료들이 인터넷에는 다수 존재합니다[예를 들어, '여호와의 증인'은 '하느님'을 사용]. 따라서 가톨릭에서 공식적으로 통용되는 인터넷 사이트[예를 들어, 굿뉴스 혹은 각 교구 홈페이지 등]를 제외하고는 각별한 주의가 필요합니다).
- 가톨릭 언론(평화방송 및 평화·가톨릭 신문)을 통해서 신앙 지식을 정리할 수 있습니다.
- 미사 시간에 신부님께서 해주시는 강론 말씀을 통해 풀이되는 성경과 전례를 통한 신앙의 내용들에 귀를 기울여봅시다.

계시 - 하느님께서 당신을 스스로 드러내 보이셨다

01 현상

요즘은 계속 하는 일마다 잘 되지 않는다. 갈수록 근심만 쌓여가고 마음 둘 곳 없는 답답함만이 가득 차 있을 때였다. 친구는 그런 나를 보고, 마음의 불씨를 당겨줄 수 있는 감동적인 설교를 하시는 분이 있으니 한번 들어보라고 초대한다.

설교자는 열성에 가득 차 소리 높여 말했다. 자신도 보통 사람들과 다르지 않은 사람으로 근심 걱정에 싸여 있을 때 하느님께 열심히 기도했다고 한다. 신(神)께서 자신의 기도에 탄복했는지 자신에게 표징을 보여주셨다고 설명한다. 기도 중 눈을 들어 하늘을 보니 자신의 머리 위에 헬리콥터처럼 별이 감싸고 있었고 그것이 자신에게 쏟아져 내려오는 체험을 했다는 것이다. 그는 자신은 하느님과 결합된 존재라며 자신이 기도하면 하느님께서는 들어주신다고 카리스마 넘치는 목소리로 말했다. 그리고 그에게 기도를 받으라고 사람들은 나를 떠밀었다. 속는 셈 치고 그에게 머리를 들이밀어 안수를 받았다. 그런데 기분이 묘해졌다. 마음이 편안해지는 것 같았다. '아! 이 사람 정말 보통 사람은 아니구나!' 하며, 한 번 두 번 그의 설교를 들으러 따라다녔다. 사람들은 그를 직통계시자(直通啓示子)라고 했다.

어느새 나는 그의 설교를 위해 봉사하는 봉사자 가운데 중심 역할을 맡게 되었다. 그러다 보니 다른 봉사자와 설교를 들으러 온 이들을 이끌어야 했고, 자연스럽게 그들은 내 말을 곧잘 따랐다. 그런데 가만 보니 내 말에도 카리스마가 있는 것 같았다. 그래서 그들은 내 말을 잘 따르는 것 같았다. 그리고 내가 따라다니던 설교자의 말을 반복해서 듣다 보니 별로 어려운 말도 아닌 것 같았다. '그래! 나도 할 수 있어!'라는 생각이 들어 나를 따르던 사람들을 불러 모아 내 이름으로 교회를 하나 차렸다. 이제 나는 누구를 따라다니지 않고 사람들을 이끄는 직통계시자가 되었다.

02 계시 - 하느님께서 당신을 스스로 드러내 보이셨다

"'큰딸이 이번에 원하는 대학에 들어갈 수 있을지 궁금해 죽겠어요!', '손자가 이번 공무원 시험에 붙을 수 있을지 마음이 조마조마해요', '아들 부부가 언제쯤이나 아기를 가질 수 있을지 걱정돼 죽겠어요!' 이럴 때 여러분들은 어디에 가십니까?"

질문을 들은 신자들 사이에는 침묵이 흐른다. 한쪽에서는 쓴웃음이 지어지고, 한쪽에서는 다행스럽게도 "성당에 갑니다!"라고 외치는 자매님도 있었다.

앞날이 궁금할 때, 개인사에 우환(憂患)이 찾아왔다고 느낄 때, 중요한 일을 앞두고 있을 때, 우리를 유혹하는 손길이 있다. 당장에라도 미래를 점쳐주고, 우환을 쫓아 내주며, 중요한 일을 잘 치르게 해줄 '용한 곳'을 찾아 나서고 싶은 마음이 우리 안에 슬며시 깔려 있는 것이다. 그렇게 용한 사람에게 내린 신(神)은 나의 궁금함을 해결해 주고, 복(福)을 가져다주는 존재로 인식돼 있다. 내가 원하는 답을 하지 않는 사람은 용한 사람이 아니라고 취급하면서까지 말이다.

"다가갈 수 없는 빛 속에 사시는"(1티모 6,16) 하느님께서는 당신의 모습을 우리에게 드러내 보이셨다(계시, 啓示). 하느님께서는 우리의 미래를 점쳐주시려고 당신을 드러내 보이시지 않으셨으며 우리가 원하는 복만을 가져다주시려고 당신을 드러내 보이신 분도 아니다. 또한 그분의 계시는, 우리가 흔히 '갑자기 계시가 내렸다!'라고 말하는 것처럼, 용한 누구에게 내리는 떠돌이 영(靈)과 혼(魂)도 아니다.

태아가 엄마의 태(胎) 속에 있는 아홉 달의 시간 동안 태아와 엄마는 탯줄이라는 한 통로로 연결되어 있다. 둘은 몸 어느 한 곳도 분리된 곳이 없으니 이 또한 한 몸이라 부를 수 있을 것이다. 그렇게 한 몸으로 엄마는 아이에게 생명을 나누어 준다. 그리고 아이가 세상의 빛을 마주할 수 있을 때, 엄마는 탯줄을 자르고 나온 아이를 이제 눈으로 볼 수 있게 된다. 아이의 얼굴을 마주한 엄마의 눈에서는 기쁨이 흐른다.

우리는 하느님의 자녀다. 하느님께서는 사람의 코에 당신의 숨을 불어 넣으시며 인간을 창조하셨다. 그렇게 하느님은 당신의 생명을 나누셨다. 당신과 한 몸을 이루는 존재가 세상의 빛을 보게 하셨고, 그를 당신의 자녀라 부르셨다. 그리고 자녀를 사랑하는 부모의 마음보다도 헤아릴 수 없는 큰 사랑을 지니신 그분께서는 결코 당신과 한 몸인 존재를 홀로 두시지 않으셨다. 뱃속에 있는 아이를 만날 날을 기다리는 부모의 간절함보다 더, 세상의 빛을 보고 울음을 터뜨리는 아이를 바라보는 부모의 눈망울의 기쁨보다 더 큰 사랑으로 하느님께서는 우리를 보고 싶어 하시고, 우리도 당신을 볼 수 있게 해주셨다. 그렇게 그분은 우리에게 당신 자신을 드러내 보이셨다.

우리에게 당신을 드러내 보이시는 그분을 만나기 위해서 어떤 수단이 필요한 것은 아니다. 이미 우리는 그 사랑으로 하느님께 응답할 수 있고, 하느님을 깨달을 수 있으며, 하느님을 사랑할 수 있다. 하느님은 전능하신 분이기에 우리에게 복만을 내려주셔야 하며, 우리를 슬픔에 빠뜨리면 안 되고, 당장에 궁금한 것들을 눈앞에 파노라마처럼 펼쳐 놓아야 하는 분이 아니다. 우리가 얻어 누리고자 하는 물질과 권력이 우리의 신(神)이 될 수 없으며, 하느님을 그것을 가져다주는 매개체로 만들어서도 안 되고, 그것을 얻게 해줄 세속적인 누군가를 찾아 나서는 기복(祈福)에 집착해서도 안 된다. 우리 안에 살며시 깔려 있는 이러한 심성은, 자신이 하느님과 하나 되는 계시를 받았다고 주장하며 자신만 믿고 따르면 앞으로의 복은 물론 구원까지 얻을 수 있다는 이들에게 보기 좋게 드러나는 허점이 될 수 있기 때문이다.

힘든 일이 자꾸만 닥쳐오고 앞으로의 날들이 궁금하며 무언가 간절히 바라는 것이 있을 때, 성당의 문을 열고 들어가 보자. 그곳에서 하느님께서는 우리를 기다리고 계신다. 아니, 이미 우리 마음 안에서 우리가 한눈팔지 않고 당신을 바라보기를 바라시며, 갓난아기를 바라보는 어머니와 같이 눈을 맞추고 계신다. 당신 자신을 스스로 드러내 보이신 하느님을 깨닫고 그 사랑에 응답하는 사랑스러운 자녀가 될 때, 스스로를 '계시자'라 외치는 헛된 주장 앞에 하느님의 사랑을 견줄 일은 없을 것이다.

03 더 읽어보기

『가톨릭대사전』 "계시"

계시(啓示)란 말마디는 어원적으로 '드러나다', '나타나다', '열어 밝히다'(revelare)라는 동사에서 유래한다. 따라서 '계시'란 일반적으로 어떤 '감추어져 있는 것', '가려져 있는 것'이 '자기를 드러내다', '자기를 나타내다', '자기를 열어 밝히다'라는 의미를 갖는다. 종교에 있어서 그 토대가 되는 것은 '거룩한 것'(聖, Das Heilige)이다. 따라서 종교학적으로 볼 때, '계시'라는 개념은 흔히 '거룩한 것'이 '자기를 드러내다', '자기 자신을 열어 밝히다'(성현, 聖顯, Hierophania)라는 의미를 지니게 된다.

『간추린 가톨릭 교회 교리서』

계시는 무엇이며, 어떻게 하느님께서 계시를 완성하셨습니까?

하느님 친히 계약(구약과 신약) 안에서 인간에게 당신 자신과 당신 구원의 신비를 밝히셨으며, 우리는 이를 하느님의 계시라고 부릅니다. 하느님께서는 당신 아들을 보내시어 당신 자신을 온전히 계시하셨고, 그분 안에서 당신의 영원한 계약을 세우셨습니다. 성자께서는 성부의 결정적인 말씀이시므로, 그분 이후에 더 이상 다른 계시는 없습니다(22쪽).

『가톨릭 교회 교리서』

50항 자연적 이성을 통하여, 인간은 하느님의 업적으로부터 확실하게 하느님을 인식할 수 있다. 그러나 인간이 자신의 힘만으로는 결코 도달할 수 없는 또 다른 인식의 질서, 곧 신적 계시의 질서가 존재한다. 하느님께서는 완전히 자유로운 결정으로, 당신을 계시하시고 내어 주신다. 이것은 온 인류를 위하여 영원으로부터 그리스도 안에 마련하신 당신의 자비로운 계획과 당신의 신비를 드러내심으로써 이루어진다. 하느님께서는 당신의 사랑하는 아들 우리 주 예수 그리스도와 성령을 파견하시어 당신의 계획을 충만히 계시하신다.

52항 "다가갈 수 없는 빛 속에 사시는"(1티모 6,16) 하느님께서는, 당신께서 창조하신 자유로운 인간들을 당신의 외아들 안에서 자녀로 삼으시려고 당신의 신적 생명을 인간들에게 주시고자 하신다. 하느님께서는 당신 자신을 계시함으로써, 인간들이 자신들의 능력을 넘어서서 당신께 응답하고, 당신을 깨닫고, 사랑할 수 있게 하신다.

68항 하느님께서는 사랑으로 당신을 계시하시고 당신 자신을 인간에게 내어 주셨다. 이처럼 하느님께서는 자신의 삶의 의미와 목적을 묻는 인간의 질문에 결정적이고도 풍부한 답을 주신다.

04 우리들의 노력

- 타로, 운세, 사주 등 점을 보지 않습니다.
- 기도 안에서 하느님께서 나에게 뜻하시는 바를 깨달을 수 있는 은총을 청합니다.
- 우리에게 물질과 재화, 그리고 힘(권력)이 전능한 신(神)과 같은 존재로 여기고 살아가고 있지는 않은지 성찰해봅시다.
- '계시를 받았다'라는 말을 사용하지 않도록 합니다.
- '계시'라는 말은 하느님 외에 사용되지 않아야 함을 기억합니다.

06

사적 계시 - 더 이상 다른 계시는 없다

01 현상

주일 미사를 마치고 나오는 길에 성당 입구에서 한 사람이 신문 같은 홍보물을 나눠준다. 첫 페이지에 '로사리오'라고 쓰여 있어 '성모님과 관련된 것이구나' 하며 무심코 받아왔다. 집에 돌아와 성당 주보를 다시 한번 읽어보다 아까 받은 성모님이 그려진 홍보물이 떠올라 읽어 보았다. 얼핏 보니 성당에서 새롭게 만들어진 한 신심 단체를 설명하는 것 같았다. 그런데 이상한 부분이 보인다. 유럽을 여행할 때, 유럽 성당에서는 신자들이 종종 입으로 성체를 영하는 모습을 보았고 첫영성체 때 양형 영성체를 하며 입으로 성체를 받아 모신 기억이 있는데, 여기에는 성체를 손으로 모시면 큰 벌을 받게 된다는 엄중한 문구가 있었다. 그리고 오늘 주일 미사 때 평신도 성체분배 봉사자를 통해서 성체를 받아 모셨는데, 여기에는 '성직자만이 성체를 나누어 줄 수 있다'고 쓰여 있었다. 그리고 곧 세계 3차 대전이 발생해 지구가 대재앙을 맞이할 것이라는 예언이 적혀있었다. 이상했다. 성당에서 나눠준 것이니 맞는 것일까? 믿어야 할까? 신부님께 물어보기로 했다.

신부님의 답을 들어보니 어이가 없는 내용은 이뿐만이 아니었다. 미국에서 한 여인에게 성모님이 나타났는데, 성모님께서는 그 여인에게 지구의 멸망과 죽음과 심판을 알려주었기 때문에 그는 그것을 예언할 수 있다는 것이다. 그 여인을 따르면 심판에서 구해질 수 있기 때문에, 그녀는 묘약(妙藥)과도 같은 계시를 받은 영험한 여인이라는 것이다. 그녀가 주장하는 계시는 교회의 권위로 아무런 식별도 받지 않았다고 한다. 그저, 그 영험함 같아 보이는 여인의 심리를 좇는 사람들이 모이기 시작했고, 미국의 베이사이드(Bayside)라는 곳에 교회의 허락 없이 새롭게 만들어진 집단은 여느 신심 단체와 같은 모습으로 사람들을 불러 모았고, 그곳의 사람들에게 그 여인은 성모님이 되어 있었다는 것이다. 그 여인을 따르면 심판의 멸망에서 구원받을 수 있기 때문이다. 그런데 그 여인의 주장은 그가 속한 교구와 교황청에서 금지 명령을 받았다고 한다.

성당에서 신부님께서 가지 말라고 했던 '신천지'가 떠올랐다. 신천지의 교주가 하느님께 직접 받았다고 주장하는 계시와 베이사이드의 그 여인이 받았다고 주장하는 계시가 다를 것이 무엇일까? 그리고 우리나라에서도 자신이 성모님의 계시를 받았다고 사람들을 불러 모으는 곳이 떠올랐다. 설마 아직도 그곳에 사람들이 가지는 않겠지…?

02 사적 계시 - 더 이상 다른 계시는 없다

'세상에 이런 일이'라는 TV 프로그램은 아마도 TV를 시청하는 사람은 한번은 봤을 법한 20년이 넘은 장수 프로그램이다. 이 프로그램은 우리 주변에서 일어나는 신기하고 놀랍고 재미있고 감동적인 이야기를 담아 전달한다. 신기하다 못해 기이한 현상들을 취재하여 시청자들의 호기심을 자극하기도 하고, 때로는 명인(名人)들의 특별한 능력을 소개하기도 한다. 이 프로그램이 오랫동안 지속될 수 있는 것은, 아직도 우리 주변에는 신기하고 놀랍고 재미있고 감동적인 이야기가 많아서일 수도 있겠지만, 신기하고 놀라운 일들에 귀를 기울이는, 사람들이 가진 호기심 때문일 수도 있다는 생각을 하게 된다.

주변에서 일어나는 신기한 일들에 사람들이 관심이 기울이는 현상과 유사하게, 우리 '신앙' 안에서의 기이함을 주장하는 사람들도 있다. 물론 기이했다, 예수님은 말이다. 예수님은 배고픈 이들을 보고 가슴 아파하셨기에 빵 다섯 개와 물고기 두 마리로 오천 명을 먹이셨다(요한 6,1-14 참조). 또, 병으로 아파하는 이들에게 당신의 한 말씀으로 그들의 병을 낫게 하셨다(요한 5,1-18 참조). 그리고 풍랑의 파도에도 새벽에 호수 위를 걸어 제자들에게 달려가셨다(마태 14,22-33 참조). 왜냐하면 예수님은 하느님이시기 때문이다. 인간을 만나러 오신 하느님께서 당신 자신을 내어주시고, 그분께서는 예수 그리스도를 통해서 우리 눈앞에 완전하게 드러나셨다. 교회는 이것을 '공적' 계시(公的啓示)라 일컫고, 하느님께서 모든 인간에게 공적으로 드러나셨음을 고백한다. 하지만 하느님께서 당신 자신을 드러내 보이시는 계시가 신기하게도 자신의 눈앞에 기이한 현상으로 드러났다고 말하는 사람들이 종종 발견된다. 이른바 자신에게 '사적'(私的)으로 계시가 나타났고, 기이한 하느님의 현상을 마주했으며, 하느님을 두 눈으로 봤으며, 성모님께서 직접 나타나셔서 어떠한 이야기를 해주셨다며 사람들의 호기심을 자극한다. '세상에 이런 일이'에 소개될 만한 이러한 사건들은 사실일까? 그것을 어디까지 믿어야 할까?

그리스도교의 역사 안에서 하느님이나 예수님, 또는 성모님이나 다른 성인들을 보고 직접 계시를 받았다고 주장하는 사람들이 종종 있어 왔다. 사실 발현, 환시, 예언 등과 같이 특수하거나 특정한 현상들을 통해 개인에게 전해지는 계시를 교회는 '사적' 계시라 칭하고, 그 몇몇 사례를 인정해왔다. 하지만 현대에 들어 성모님의 발현과 같이 드러나게 보이는, 소위 기이한 현상을 경험했다고 자극적으로 주장하는 사람들이 적잖이 나타나고 있고, 나아가 자신은 성모님의 특별한 계시를 받은 사람, 혹은 예수님의 특별한 계시를 받은 계시자라고 주장하며 사람들을 선동하는 사람이 우리 교회 안에도 다수 존재하기에 이르렀다.

신앙 안에서 기이한 경험을 했기에 자신에게 계시가 내려졌다고 주장하는 사람들에 대해 교회는 엄격함을 드러낸다. 그것은 그리스도의 결정적 계시에 어떤 것이 추가될 수 없음을 뜻한다. 또한, 그리스도의 계시로는 부족하기 때문에 다른 기이한 사건의 계시가 더 필요하다는 주장이 될 수 있음을 우려한다. 따라서 기이하게 일어나는 현상에 대한 모든 판단은 교회에 맡겨져 있음을 강조한다. 설사 사적으로 드러난 계시라고 할지라도, 그것은 역사의 한 시대에서 예수 그리스도를 더욱 충실히 따르도록 돕는 데에 지나지 않다는 것이다.

예수 그리스도께서 다시 오시기 전에, 우리는 어떠한 새로운 기이한 현상으로 하느님께서 드러나실 것을 바라지 말아야 한다. 곧, 하느님께서 당신 자신을 드러내 보이심의 모든 것은 예수 그리스도의 복음이 중심이요, 예수 그리스도의 복음을 선포하는 교회를 벗어나서는 아무것도 공인될 수 없다는 것이다.

하지만 우리 주변에는 종종 "제가 기도할 때 장미 향이 났어요!", "하늘의 구름 속에서 성모님의 얼굴이 나타났어요", "기도하다가 환시를 보게 됐는데 예수님께서 나타나셔서, 나중에 저에게 벌어질 일을 알려 주셨어요"라며 사람들의 호기심을 자극하는 이들이 있다. 또한 이를 토대로 사람들을 불러 모으고 그곳을 성지(聖地)라 일컬으며 자신의 영험함을 뽐내기도 한다. 이러한 말들은 하느님의 존재를 확실하게 체험할 수 있는 표징을 원하는 신자들, 특히 신앙의 이성적인 측면보다 감성적인 면을 중시하고, 심령적(心靈的)이고 신비적(神秘的)인 체험에 마음을 쏟는 동양 문화에 토대를 둔 한국 그리스도교 신자들에게는 더 큰 호기심을 자극하는 달콤한 말들로 다가온다.

'세상에 이런 일이'는 '세상'에서 일어나는 일들이다. 우리의 신앙생활은 세상에만 속해 있는 세속적인 것이 아니라 하느님을 향하고 있는 영적인 생활이다. '세상에 이런 일이'를 주장하며 자신의 계시를 뽐내는 영험한 사람은 그리스도를 따라야 하고, 교회의 가르침에 순명해야 하며, 타인의 영적인 삶에 도움을 주어야 한다. 또한 하느님께서는 우리 중의 누군가를 특별하게 사랑하셔서 그에게만 기이한 모습으로, 향기로, 느낌으로 당신 자신을 드러내시는 분이 아니라, 모든 이에게 모든 것이 되심으로서 우리와 언제나 함께 하시는 사랑과 자비의 하느님이시다. 기이한 현상들을 마치 하느님의 표징인 양 쫓는 데에 우리의 신앙생활을 허비하지 말고, 십자가에 달리신 예수 그리스도께서는 우리 곁에 함께 하시며 우리의 삶 속에서 손을 내밀고 계신 분이심을 잊지 않는 신앙생활을 해야 하겠다.

"유다인들은 표징을 요구하고 그리스인들은 지혜를 찾습니다. 그러나 우리는 십자가에 못 박히신 그리스도를 선포합니다"(1코린 1,22).

03 더 읽어보기

『건전한 신앙생활을 해치는 운동과 흐름 I』, 한국천주교중앙협의회, 2007, 4항.

사적 계시가 실제로 하느님에게서 온 것인지를 식별하기 위한 전통적 기준은 세 가지가 있다. 첫째 기준은 교리적인 것이다. 교회의 공적인 가르침에 따른 계시의 내용에 부합되어야 한다. 따라서 사적 계시가 교회에서 가르치는 신앙의 진리나 도덕성에 상반된다면 잘못된 것으로 여겨야 한다. 둘째 기준은 심리적인 것으로서 사적 계시를 받는 주체와 관련된 것이다. 그 주체가 균형 잡힌 인격체인지 아니면 병리적 경향을 가지고 있는지를 살펴보아야 한다. 셋째 기준은 이 주체 자신이나 그들 주변 인물들 안에서 발생하는 영적 결실들의 효과에서 유래한다. 여기에서 계시로 인정받을 수 있는 조건의 영적인 결실로 기쁨, 평화, 사랑, 거룩함 등을 들 수 있다. 이러한 영적 결실을 거스르는 말이나 행위들은 계시의 정당성을 입증하지 못하는 하나의 기준이 될 수 있다.

『가톨릭 교회 교리서』

65항 "하느님께서는 당신의 유일한 '말씀'이신 아들을 우리에게 주셨으므로 우리에게 주실 다른 말씀은 없습니다. 당신 아드님 전체를 우리에게 주심으로써, 예언자들에게는 부분적으로 말씀하셨던 것들을 당신 아드님 안에서는 전부 말씀하셨습니다.……하느님께서는 이 유일한 말씀 안에서 모든 것을 동시에 그리고 단 한 번에 말씀하신 것입니다. 바로 이 때문에, 지금 다시 그분께 문의한다든지 또는 어떤 환시나 계시를 바란다면, 그것은 오로지 그리스도께 눈을 돌리지 않고 그분과는 다른 것이나 어떤 새로운 것을 추구하는 것이므로, 어리석은 일일 뿐 아니라 하느님을 욕되게 하는 일이기도 합니다"(십자가의 성 요한, 『가르멜의 산길』, II, 22).

더이상 다른 계시는 없다

66항 "새롭고 결정적인 계약인 그리스도의 구원 경륜은 결코 폐기되지 않을 것이며, 우리 주 예수 그리스도께서 영광스럽게 나타나시기 전에는 어떠한 새로운 공적 계시도 바라지 말아야 한다." 그러나 계시가 완결되었다고는 해도 그 내용이 완전히 명백하게 드러난 것은 아니다. 그러므로 그리스도교 신앙은 시대를 살아가며 계시의 내용 전체를 점진적으로 파악해 가야 할 것이다.

67항 세월이 흐르는 동안 이른바 '사적' 계시들이 있었고, 그중의 어떤 것들은 교회의 권위로 인정받기도 하였다. 그러나 이것들은 신앙의 유산에 속하는 것이 아니다. 이런 것들은 그리스도의 결정적 계시를 '개선'하거나 '보완'하는 것이 아니라, 역사의 한 시대에서 계시에 따른 삶을 더욱 충만하게 살 수 있도록 돕는 데에 지나지 않는다. 교도권의 인도에 따라, 신자들은 신앙 감각으로 이러한 계시들 가운데에서 그리스도나 성인들께서 교회에 하신 진정한 호소를 식별하고 받아들이게 된다.

그리스도께서는 계시의 완성이시다. 그리스도교 신앙은 그리스도의 계시를 벗어나거나 수정하려고 시도하는 다른 '계시들'을 받아들일 수 없다. 그리스도교가 아닌 일부 종교들과 신흥 종파들은 바로 이런 부류의 '계시들'에 근거하여 세워진 경우이다.

04 우리들의 노력

- 하느님의 기이한 체험을 바라지 말고, 주님께서는 언제나 우리와 함께 하심을 기억합시다.
- 기이한 체험을 주장하는 이들의 말에 현혹되지 않습니다.
- 나주 성모('마리아의 구원방주')에 관해서는 현혹되지도, 그곳에 참여하지도 말고, 그곳에 참여하는 이들이 있을 때에는 즉시 사목자에게 알립니다.
- 성당 문 앞에서 나눠주는 '로사리오'라는 유인물은 폐기합니다.
- 사적인 계시를 받았다고 주장하는 이들에게 현혹되지 말고 즉시 사목자에게 알립니다.

- 교회 안에 공식적으로 인정되지 않는 기도 단체에는 절대 참여하지 않습니다.
- 영적인 체험을 감성적으로 바라지 말고 꾸준한 신앙생활 안에서 하느님을 더욱 깊이 만나도록 노력합니다.
- 하느님을 깊이 체험하는 사람은, 하느님을 체험할수록 자신 안에 하느님의 자리가 커짐을 기억합니다. 곧, 나 자신을 비우고 비울 때 그곳에 하느님께서 자리하실 수 있고, 하느님께서 자리하시면 나의 인간적인 생각은 비워지고 겸손해짐을 기억합니다.

07

성경 - 그리스도와의 만남

01 현상

  평소 책을 많이 읽지는 않는다. 스마트폰으로 인터넷 글과 기사를 읽는 것이 글 읽기의 전부다. 그런데 스마트폰으로 인터넷 기사를 자주 읽다 보니 속독에 능통해진 듯하다. 대충 기사 제목과 첫 구절들만 보면 기사가 무엇을 말하는지 알 것 같고, 그래도 잘 이해가 안 되면 긴 글을 늘어지게 읽는 대신 댓글로 넘어간다. 댓글의 평가는 기사를 요약해놓은 것 같다.

  긴 글은 읽어본 지 오래, 인터넷 기사도 속독으로, 그것마저도 읽기 싫어 유튜브 영상으로 찾아보는데, 두껍디두꺼운 성경책은 한번 열어볼 엄두가 나질 않는다. '교회 다니는 내 친구는 성경을 많이 알던데, 나는 성경에 뭐가 쓰여 있는지도 잘 모르고…. 저 두꺼운 책을 언제 다 읽어?'라고 생각하며 마음 한편은 불편했지만, 성경을 읽어볼 생각은 하지 않았다. 나에겐 매 주일마다 매일 미사를 보는 것만으로도 벅찼다.

그런데 누군가가 나에게 성경을 가르쳐주겠다고 찾아왔다. 국어 시간에 글을 배웠던 방식처럼 성경을 배우면 성경이 재미있어진다는 것이다. 성경이 재미없었던 이유는, 성경은 비유로 쓰여 있는데 비유가 가리키는 뜻을 모르기 때문이라는 것이다. '씨는 말씀, 밭은 교회, 나무는 사람, 새는 영…' 수학 공식을 외우듯 비유의 법칙을 외우고 성경에 대입해보니 절묘하게 맞아떨어졌다.

"원숭이 엉덩이는 빨개, 빨가면 사과, 사과는 맛있어, 맛있으면 바나나, 바나나는 길어, 길면 기차, 기차는 빨라, 빠르면 비행기, 비행기는 높아, 높으면 백두산!"

이렇게 연쇄적으로 성경의 내용을 따라가다 보니 성경이 한눈에 보였다. 성경에서는 '원숭이는 백두산'이라는 이야기를 하고 있었다. 이제 대충 성경의 내용만 보더라도 무엇을 이야기하는지 알게 되었다. 그 말대로 내용을 따라가다 보니 마치 1편의 결말이 2편의 내용과 기가 막히게 맞물리는 드라마처럼 성경이 다가왔다.

그렇게 성경의 마지막 책인 요한 묵시록까지 도달했다. 요한 묵시록의 내용을 깨달으면 성경을 다 이해한 것이기에 더 이상 성경책은 필요가 없다고 했다. 그런데 의문이 들었다. 위의 법칙에 따라 요한 묵시록을 배우다 보니 이상했다. 나는 예수님을 믿으며 성당에 다니고 있었고, 예수님에 대해서 이야기하는 책이 성경이라고 들었는데, 창세기부터 요한 묵시록까지 성경의 줄거리를 가르쳐준 사람은 다른 말을 하고 있다. 성경책은 예수님이 실패한 구원자라는 것을 밝히고 있으며, 약속된 구원자를 기다려야 한다는 것이다. 그리고 우리 곁에 있는 약속된 구원자를 알아차리기 위해 우리는 이토록 공부했으며, 그 구원자를 만나려면 자신을 따라오라고 한다.

묘하게 끌렸지만 정신을 차려본다. 그리고 뒷목이 뜨거워진다. '아! 글의 내용을 완전히 잘못 이해했구나!' 그랬다. 책 한 권을 읽을 때, 처음부터 차근차근 이 책이 무엇을 이야기하고자 하는지 생각해보며 읽지 않았다. 빨리 읽고 싶은 마음에 빨리 읽을 수 있다고 일러준 사람의 말만 믿었다. 댓글부터 본 것이다. 댓글은 공정하지 않았다. 그는 성경을 잘못 이해하고 있는 사람이었다. 그는 나를 세뇌시키는 사람이었고 나는 그렇게 세뇌되었다. 성경의 주인공이 예수님이 아니라 자신들의 교주라니!

02 성경- 그리스도와의 만남

"이번엔 정말 성경 통독에 성공해야지!" 하며 성경을 펼친다. 창세기. 익숙한 내용이다. 이미 몇 번을 읽었다. 내 성경에 유일하게 손때가 묻어있는 곳이다. 아담과 하와를 비롯한 창조의 이야기는 흥미진진하다. 탈출기. 분량이 많아지기는 하지만 아직 읽을 만하다. 이스라엘 백성의 긴박함이 느껴진다. 레위기. 규정이 자꾸만 나온다. 복잡해진다. 지루해진다. 민수기, 신명기를 넘지 못하고 다시 책을 덮는다.

이렇게 우리는 성경을 마주했다. 창세기를 시작으로 탈출기를 지나 열심히 읽어보려 했지만, 역사서는 고사하고 모세오경(창세기, 탈출기, 레위기, 민수기, 신명기)조차도 완독하지 못했다. 그렇게 성경은 지루한 책이 되고 말았다. 그리고 성경을 바라보면 마음 한켠에 부담만 남아있다.

'읽어야 하는데….' 하며 미루고 있는 마음의 짐. 너무 길어 읽다 보면 '무슨 내용인지 모르겠는데….' 하는 집중력 감퇴. 이를 해결할 방법은 없는 것일까?

소설이나 희곡과 같은 책 한 권을 펼치게 되면 우리는 자연스럽게 이야기 전개 구조를 따라가게 된다. 이야기의 시작을 알리는 '발단', 이야기가 본격적으로 이어지며 긴장이 드러나기 시작하는 '전개', 갈등과 긴장이 심화되고 이야기가 전환되는 '위기', 갈등과 긴장이 최고조에 이르며, 해결의 실마리가 보이기도 하고, 이야기의 주제가 드러나는 '절정'을 거쳐 주인공의 운명이 결정되는 '결말'로 마무리되는 이야기 구조에 빠져든다. 성경이 소설이나 희곡 같은 문학 장르는 아니지만 우리는 성경의 '발단' 너머의 '전개'에도 도달하지 못한 채 책을 덮을 때가 많다. '절정'의 내용을 알고 나면 이만큼 살아있다고 느껴지는 책은 없을 텐데 말이다.

성경은 인간의 언어로 쓰인 하느님의 말씀이자 하느님께서 인간에게 인류의 구원을 약속한 계약이다. 계약의 역사는 이스라엘 백성이 하느님과 맺은 '옛 계약'을 뜻하는 구약(舊約)과 예수 그리스도를 통하여 완전히 새로워진 '새로운 계약'인 신약(新約)으로 나뉜다. 두 시대의 계약(약속)의 역사는 우리가 자주 열어 봤던 창세기의 천지 창조부터 이스라엘 백성의 역사, 예수 그리스도에 이르기까지 하느님께서 베푸신 인간의 구원의 역사(구세사, 救世史)를 알려주고 있다. 그리고 하느님의 구원의 역사의 중심에는 예수 그리스도가 있다.

예수 그리스도에 대한 증언을 우리는 미사 때마다 듣고 있다. 성경이 지루해 열어볼 엄두도 못 낼 때가 많다고 했지만 우리는 매 미사 때마다 '복음'을 통해서 예수 그리스도에 대한 증언을 듣고 있다. 그리고 창세기에만 손때가 짙었던 구약성경도 주일 제1독서를 통해서 읽고 나면 묘하게 복음의 내용과 맞물림을 느끼게 될 때가 있다. 그렇다. 구약성경과 신약성경은 전혀 다른 이야기를 하는 책이 아니며 같은 하느님의 말씀, 그리고 그 말씀의 절정인 예수 그리스도를 이야기하고 있다. 그렇게 우리는 발단과 전개, 위기와 절정을 거쳐 결말의 줄거리를 주일 복음을 통해 매번 요약해서 듣고 있었다.

하지만 매 주일 제1, 제2독서와 복음만으로 만족할 수는 없다. 우리는 하느님의 인간을 향한 사랑의 대서사시를 손에 쥐고 있다. 그리고 우리는 그 이야기의 클라이맥스(climax)를 이미 알고 있다. 바로 예수 그리스도의 탄생과 죽음 그리고 부활의 사건이다. 성경의 줄거리를 알았다. 그것을 잊지 말고 성경을 읽어야 한다. 왜냐하면, 절정의 줄거리를 자꾸만 잊는 우리를 더 혼란스럽게 하는 사람들이 있기 때문이다.

거룩한 책인 성경을 두고 '악마의 편집'을 행하는 자들이 바로 그들이다. 그들은 성경을 필요한 부분만 잘라내어, 그 절정이 예수 그리스도가 아니라 자기 자신임을, 혹은 자신의 집단의 교주임을 짜 맞춘다. 성경은 비유로 쓰여 있다고 속이고, 말씀에는 짝이 있다고 현혹한다. 성경은 언약과 성취로 되어있기 때문에 앞으로 이루어질 성취에 집중해야 한다며 헛된 기대를 심는다. 성경의 마지막 책인 요한 묵시록은 끝이 아니라 시작이라고, 그 시작을 잘 해석해야 한다고 사람들을 선동한다. 이 모든 책략 뒤에는 자신들의 교주를 하느님으로 만들고자 하는 의도가 숨어있다. 그것을 위해 성경의 중심이자 절정인 예수 그리스도를 교묘하게 뒷전으로 미룬다. 아니, 미루다 못해 실패한 사람으로 만들어버린다.

우리는 성경을 읽기도 전에 성경의 줄거리를 자주 들어왔다. 또한 성경의 중심인물과 그가 이루는 역사의 절정을 우리는 마음 안에 살아있는 생생함으로 만나왔다. 그분은 바로 예수 그리스도이시다. 성경의 모든 내용은 예수 그리스도를 향해있다. 이제 그분을 만나기 위해 성경을 열어보자. 성경의 살아있는 말씀은 그리스도와의 진한 만남을 이루어줄 것이다.

03 더 읽어보기

『간추린 가톨릭 교회 교리서』
성경은 어떤 책입니까?
"성경은 하느님의 말씀을 담고 있으며, 영감을 받았기 때문에 참으로 하느님의 말씀입니다"(계시 헌장, 24항). 구약성경은 신약성경을 준비하고 신약성경은 구약성경을 완성합니다. 둘은 서로를 밝혀 주며, 둘 다 참된 하느님의 말씀입니다. 성경의 중심에는 네 복음서가 있습니다(29쪽).

성경 – 그리스도와 만남
하느님께서는 인간의 언어로 인간에게 말씀을 건네 오셨다. 그리고 성경을 통하여 하느님께서 하시는 말씀은 바로 '말씀'이신 성자이시다. 곧 하느님께서는 당신의 이 유일한 말씀 안에서 당신 전체를 표현하신다. 하느님 아버지께서는 성경 안에서 사랑으로 당신 자녀들과 만나시며 그들과 함께 말씀을 나누신다.

"하느님의 말씀은 교회의 버팀목과 활력이 되고, 교회의 자녀들에게는 신앙의 힘, 영혼의 양식, 영성 생활의 깨끗하고도 마르지 않는 샘이 되는 힘과 능력이 있다"(계시 헌장. 21항). 교회는 모든 신자들이 성경을 자주 읽음으로써 "그리스도 예수를 아는 존귀한 지식"(필립 3.8)을 얻도록 권고한다(27쪽).

『가톨릭 교회 교리서』
그리스도 – 성경의 '유일한 말씀'

101항 하느님께서 선하신 자비로 인간에게 당신을 계시하실 때 인간의 언어로 말씀하신다. "예전에 영원하신 아버지의 말씀이 연약한 인간의 육신을 취하여 인간들을 닮으셨듯이, 인간의 언어로 표현된 말씀들이 인간의 말과 같아졌다.

102항 성경의 모든 말씀으로 하느님께서는 오로지 한 '말씀'을 하신다. 곧 하느님께서는 당신의 이 '유일한 말씀' 안에서 당신 전체를 표현하신다.

124항 "믿는 모든 이를 구원하는 하느님의 힘인 하느님의 말씀은 신약성경 안에서 탁월한 방식으로 표현되고 그 능력을 드러내신다." 이 기록들은 하느님 계시의 궁극적 진리를 우리에게 전해 준다. 신약성경의 중심 주제는 강생하신 하느님의 아들 예수 그리스도와 그분의 활동, 가르침, 수난과 영광 받으심, 그리고 성령의 활동을 통한 그리스도 교회의 탄생 등이다.

2763항 모든 구약성경(율법서와 예언서와 시편)은 그리스도 안에서 성취된다. 복음은 이러한 '기쁜 소식'이다.

「교회 안의 성서 해석」
"진정한 성서 해석은 무엇보다도 사건들 안에 그리고 예수 그리스도라는 인물 안에 최상으로 부여된 의미를 받아들이는 일이다."

04 우리들의 노력

- 성경을 매일매일 읽을 수 있도록 계획해 봅니다.
- 매일 성경의 한 구절이라도 암송하도록 노력해 봅니다.
- 미사에 참례하기 전 그날 독서와 복음 말씀을 읽어봅니다. 가능하다면 직접 성경책을 펼쳐 독서와 복음을 찾고 그날 독서와 복음의 앞뒤 부분을 함께 읽어봅니다.
- 가톨릭에서 공인된 성경(『성경』, 한국천주교중앙협의회)을 제외한 성경은 읽지 않습니다.
- 교회에서 공인되지 않은 성경 공부에는 절대 참여하지 않습니다.

08

성경과 성전 - 성경은 읽는 이와 함께 자란다

01 현상

  나름 성당에서 열심히 봉사하면서 신앙생활을 하고 있다. 구역에서는 반장으로서 봉사하고, 기도도 열심히 하고자 레지오에 입단하여 신심 생활을 이어나간다. 그리고 평일에도 미사에 참례하며 예수님의 몸을 모시는 기쁨을 느낀다. 그러던 나에게 오랜 기간 냉담을 풀고 왔다는 한 자매님이 찾아왔다. 나와 같은 아파트의 우리 반에 속한 자매님이라고 한다.

  "어머! 자매님! 제가 성당과 오랫동안 떨어져 있다가 냉담 풀고 다시 성당에 나오게 되었어요! 마침 성당에서 돌아오는 길에 보니까 자매님이 저랑 같은 동네에 사시더라고요! 그런데 자매님은 어떻게 그렇게 신앙생활을 열심히 하세요!? 대단하세요!"

  뭐 그렇게까지 신앙심이 깊지는 않은데, 나름 성당에 열심히 다니는 모습을 좋게 보는 사람도 있음에 뿌듯했다. 그런데 냉담을 풀고 왔다는 자매님이 한 가지 질문을 해온다.

"자매님! 제가 오랜 기간 냉담을 하다가 다시 성당에 나오게 되니 모르는 것이 너무나 많아요. 그래서 요즘에는 열심히 하느님을 알아가려고 노력하고 있어요. 그런데 제가 성경에 대한 지식이 너무 없어서 성경책을 읽어보려고 노력하는데 너무 어려운 부분이 많네요. 자매님은 많이 아실 것 같은데…. 제가 마태오 복음 13장의 내용이 잘 이해가 안 되는데 설명해주실 수 있으실까요?"

당황스러웠다. 성당에 대해서 아는 것이 없다며 질문하는 것도 두려웠는데, 모르는 것이 성경이라니! 성경을 읽어본 지가 너무 오래다. 아니 성경책이 집 어디에 놓여있는지도 모르겠다. 그런데 마태오 복음 13장이라니! 마태오 복음 13장의 내용을 설명해줄 능력은커녕 마태오 복음 13장이 무슨 내용인지조차 알 수가 없다. 이 상황에서 '그게 무슨 내용인데요?'라고 되묻기도 부끄럽다. 등에서는 땀이 흐른다. 그리고 황급히 얼버무리며 자리를 피했다.

집에 돌아오는 길에 부끄러움과 함께 한편으로는 '나는 왜 성당에 열심히 다니면서 그것 하나 모르고 있지?'라는 자책을 되뇌고 있었다. 그러면서도, '성당에서는 왜 그런 것도 안 가르쳐주지?'라는 불만도 움터나왔다. 개신교 교회에 다니는 내 친구는 성경만이 하느님의 말씀이라고, 성경을 믿어야지만 구원받을 수 있다고 성경을 항상 손에 쥐고 다녔는데, 성경을 잘 모르는 나는 구원받을 수 없는 걸까?

02 성경과 성전- 성경은 읽는 이와 함께 자란다

첫사랑에 빠진 남자가 있다. 한눈에 반해버린 그녀에게 어떻게 다가 갈지 몰라 고민하던 중, 손쉽게 고민을 해결해 주는 곳을 찾았다. 바로 인터넷이었다. 인터넷에는 다양한 연애 상담 글이 올라와 있었다. 한 눈에 반한 사람에게는 어떻게 다가가야 하는지, 상대방이 좋아할 말솜 씨와 외모는 어떤 것인지 자세히 나와 있었다. 그리고 상대방의 반응이 이럴 때는 이렇게 대응해야 한다는 이른바 연애 매뉴얼이 있었고, 그 글을 열심히 읽고 익혔다. 그리고 그녀에게 다가갔다. 그런데 이게 웬 일인가. 인터넷이 나에게 가르쳐준 상황은 하나도 일어나질 않는다. 내 가 생각했던 예상은 빗나가기 일쑤였고 그녀 곁으로 다가가지도 못했 다. 기회를 놓쳐버렸다.

연애를 글로 배운 사례이다. 로맨스 영화와 소설이 남녀 사이 서로의 마음을 알아가며 관계를 성장시키는 데에 도움이 된다고는 하지만, 글 로 배운 사랑과 연애는 정작 사랑하는 사람 앞에서 효과를 발휘하지 못 했다. 사람과 사람이 인격적으로 나누는 대화 안에도 마음의 소통이 중 요할 진데, 좋아하는 사람을 대하는 방법을 문자로 배워 적용하려고 했 으니 그 마음이 전해질 리 만무했다.

우리를 극진히 사랑한 분이 있다. 우리를 사랑해서 당신 모습 그대로 우리를 만드셨고, 당신의 숨을 불어넣으시며 우리 안에 당신의 발자국 을 새겨 놓으셨다. 그럼에도 불구하고 당신을 잊고 살고 있는 우리에게 안타까운 마음이 들어, 그분은 더 이상 감추어진 채로 남아 있지 않았 다. 우리를 사랑하신 까닭에 우리와 똑같은 모습으로 우리 앞에 나타나셨다. 그럼에도 우리는 그분을 알아보지 못했다. 그분을 외면했다. 외면하다 못해 십자가에 달려 처형당하는 것에 찬동했다. 하지만 그분의 사랑은 그것에 굴복하지 않았다. 다시 살아나 다시 우리 앞에 나타나셨다. 그리고 다시 우리를 사랑하셨다. 다시 사랑을 주셨다.

이제 우리의 차례. 우리는 그분 사랑에 어떻게 응답할 수 있을까? 그분을 어떻게 사랑할 수 있을까? 그 해답이 담긴 책이 있다. 그분의 사랑이 담겨있는 책이 있고, 그분을 사랑하는 방법을 알려주는 책이 있다. 그것이 바로 성경이다. 그러면 성경만 열심히 읽으면 그분을 사랑할 수 있게 될 것일까? 그분 사랑에 응답할 수 있게 될까? 그분의 사랑을 독차지할 수 있게 될까?

하느님은 우리에게 당신 사랑을 글로만 알려주시지 않았다. 그리고 그 글을 모르면 당신의 사랑을 모르는 것이라고 우리를 가둬 놓지도 않으셨다. 당장에 마태오 복음 13장에 어떤 글들이 적혀있는지 그 글자 하나하나는 생각나지 않지만, 우리는 마태오 복음 13장에 적혀있는 '씨 뿌리는 사람의 비유'를 잘 알고 있다. 그리고 그것을 교회의 거룩한 전통(성전, 聖傳)에 따라 기도하며 묵상했고, 말씀을 통해 하느님께서 주시는 뜻에 귀 기울이며 살아가고자 노력했다.

그런데 성경의 글자를 외우지 못하고 성경의 글자를 해석할 줄 모르는 이들은 하느님을 제대로 알지 못하는 이들이라고, 마치 우리의 약점을 파헤치듯 자극하는 사람들이 있다. 오직 성경에만 구원의 해답이 있으며, 그 해답을 알기 위해서는 성경의 글자를 잘 해석하고 배워야 한다는 것이다. 그런데 그 해석은 성당에서 한 번도 들어보지 못한 기이한 해석이다. 제법 그럴싸하긴 했다. '1 더하기 1은 2'처럼 딱 떨어지는 것 같아 쉽고 신기하기도 했다. 그런데 가만 생각해보면 우리 하느님이 그렇게 쉬운 분이실까? 그렇게 딱 떨어지는 분이실까? 그리고 글자에만 가둬진 분이실까? 의심스럽다.

성경은 분명 하느님의 말씀이다. 하지만 하느님께서는 당신의 사랑을 우리에게 성경의 글자만으로 알려주시지 않으셨다. 하느님의 사랑은 예수 그리스도와 함께 했던 사람들, 예수 그리스도의 죽음과 부활을 체험했던 사람들, 그리고 예수 그리스도가 승천하고 남기신 교회라는 공동체 안에서 형성된 사람들의 전통(성전)을 통해서도 전달되었다. 신약성경이 쓰이기도 전에 사도들은 공동체를 이루며 예수님의 사랑을 기억하며 전하고 실천해왔다. 그 사랑이, 그 전통이 지금 우리에게까지 전해진다.

우리는 하느님과의 사랑을 글로만 배우지 않는다. 하느님의 사랑은 장구한 교회 역사의 유산을 통해서도 만나게 된다. 그리고 그 사랑은 지금 우리 가슴에 타오르고 있다. 성경을 글자로만 집착한다면 그것은 죽은 문자에 불과할 것이다. 하지만 성경은 살아있는 하느님의 말씀이다. 그것이 살아있기 위해서 우리는 성경을 묵상하며 기도해야 한다. 성경 말씀을 글자 그대로 지켜야 한다며 언성을 높이는 바리사이가 아니라, 하느님께서 그 말씀을 통해서 지금 나에게 어떤 말씀을 하시고자 하는지, 말씀 안에 살아계신 하느님께 다가가야 한다. 그렇게 성경은 그것을 읽는 우리와 함께 자라난다.

03 더 읽어보기

『간추린 가톨릭 교회 교리서』
성경
성경(聖經)은 하느님의 계시 진리를 성령의 감도로 오류 없이 바르게 기록한 것을 말한다. 구체적인 예를 들어 예수 그리스도의 말씀과 행적을 통해 이루어진 계시 진리는 이를 듣고 본 제자들이 직접 전달하였다. 그러다가 이들이 순교하거나 복음 선포의 현장에서 사라지면서, 이를 기록으로 남겨야 할 필요성이 생겼다. 성령의 감도를 받아 목격 증인인 사도들이 직접 기록하거나 그 제자들이 기록한 계시 진리들은 거룩한 책으로 교회 안에 보전되었다. 성전의 보전자인 교회는 어떤 것이 성령의 감도를 받아 오류 없이 기록된 '거룩한 책'인지를 판별하여, 예수 그리스도 이전의 46권(구약성경)과 예수 그리스도 이후 27권(신약성경)의 거룩한 책들을 정경(正經)으로 확정하였다(26쪽).

성경은 하느님과 인간의 작품
성경의 저자는 하느님이시다. 성경은 성령의 감도로 기록된 하느님의 말씀이기 때문이다. 그러나 한편 성경의 저자는 인간이기도 하다. 하느님께서는 인간 저자에게 영감을 주시고 인간 저자의 신학과 사상까지도 활용하시어 당신이 원하시는 바를 기록하게 하셨기 때문이다. 그래서 성경을 이해하기 위해서는 성령의 감도도 필요하지만, 인간 저자의 신학과 사상도 알아야 한다. 오래전에 쓰인 성경이므로 당시의 사고나 표현 방식을 이해하지 못하면 성경 말씀을 바르게 알아들을 수 없다.

성경이 '하느님의 작품이면서 인간의 작품'임을 잊어서는 안 된다(28쪽).

성경과 성전

성경과 성전은 계시의 단일한 원천에서 흘러나온다. 오로지 성경만으로 모든 계시 진리에 대한 확실성에 이르게 되는 것은 아니다. 그러므로 성경과 성전을 똑같이 경건한 애정과 존경으로 받아들여야 한다(28쪽).

『가톨릭 교회 교리서』

81항 "성경은 성령의 감도로 기록되었으므로 하느님의 말씀이다. 곧 주 그리스도와 성령께서 사도들에게 맡기신 하느님의 말씀은 성전으로 후계자들에게 온전히 전달되는데, 후계자들은 진리의 성령에게서 빛을 받아 자신의 설교로 그 말씀을 충실히 보존하고 해설하며 널리 전파할 수 있게 되는 것이다."

83항 우리가 여기에서 말하는 '성전'(聖傳)은 사도들에게서 유래하는 것으로서, 그들이 예수님의 가르침과 모범에서 그리고 성령을 통하여 배운 것을 전달하는 것이다. 실제로 그리스도교의 제1세대에게는 아직 기록된 신약 성경이 없었으며, 신약 성경 자체가 살아있는 '성전'의 과정을 증언하고 있다.

108항 그러나 그리스도교 신앙은 '경전의 종교'가 아니다. 그리스도교는 하느님 '말씀'의 종교이다. 그 말씀은 "글로 된 무언의 말이 아닌, 사람이 되시어 살아 계신 '말씀'"이다. 성경에 기록된 말씀들이 죽은 문자로 머물지 않으려면 살아 계신 하느님의 '말씀'이신 그리스도께서 성령을 통해 "성경을 깨닫도록 우리의 마음을 열어 주셔야" 한다

110항 성경 저자들의 진술 의도를 알아내려면 그들의 시대와 문화의 상황뿐 아니라, 당시의 일반적인 '문학 유형'과 이해·표현·서술 방식 등을 염두에 두어야 한다. "왜냐하면 진리는 본문에서 역사적, 예언적, 시적 양식 또는 다른 화법 등 여러 양식으로 각각 다르게 제시되고 표현되기 때문이다."

111항 그러나 성경은 성령의 영감을 받은 책이므로, 성경을 올바르게 해석하기 위한 또 하나의 원칙이 있다. 이 원칙은 앞의 원칙만큼 중요하며 이 원칙이 없다면 성경은 '죽은 문자'에 지나지 않을 것이다. "성령을 통해 쓰여진 성경은 성령의 도우심으로 읽고 해석해야 한다."

『계시 헌장』(Dei Verbum) – 제2차 바티칸 공의회 문헌
12항 성경 해석에 관한 이 모든 것은 결국 하느님의 말씀을 보존하고 해석하라는 하느님의 명령과 그 직무를 수행하는 교회의 판단에 속한다.

04 우리들의 노력

- 성경 말씀을 읽고 묵상해봅시다(예를 들어, 렉시오 디비나(Lectio Divina)의 방법 활용).

- 성경 말씀을 통해 하느님께서 우리에게 들려주시고자 하는 사랑에 귀 기울입시다.
- 성경 말씀을 묵상하여 전해주는 신부님의 강론 말씀에 귀 기울여 봅시다.
- 성경만을 내세우는 이들의 목소리에 현혹되지 맙시다.
- 성당에서 공인된 성경 공부 외에는 절대로 참여하지 않습니다.

09

창조 - "보시니 좋았다"(창세 1,10)

01 현상

"예수 천국! 불신 지옥!"

길거리를 다니며 '무슨 저런 논리가 있나?' 하는 생각을 자주 가졌다. 예수를 믿으면 무조건 천국에 가고 예수를 믿지 않으면 무조건 지옥에 떨어지는 것일까?

요즘 들어 유난히 대인 관계가 쉽지 않다. 회사에는 항상 나에게 날선 비판을 가하는 상사가 있다. 왜인지 모르겠다. 내가 하는 말끝마다 꼬투리를 잡고 싸움을 걸어온다. 어찌 저런 사람이 다 있을까? 이런 고민을 하는 나에게 위로가 되어주는 동료가 있다. 그는 내 어려운 마음을 잘 알아주고, 나를 못살게 구는 상사를 같이 욕해준다. 그 동료는 나에게 천사 같은 존재이다. 그리고 나를 괴롭히는 그 상사는 악마 같은 사람이다.

나는 어릴 적부터 몸이 약했다. 병원에 지겨울 정도로 자주 들락날락

했는데, 성인이 된 지금도 몸은 자꾸 말썽이다. 왜 내 몸은 이렇게 약한 것일까? 그런데 나와 친한 한 친구는 겨울에 감기 한번 걸리지 않는 친구가 있다. 먹고 싶은 것을 다 먹어도 소화를 잘 시킬 수 있는 몸을 가지고 있고, 잔병은 물론 큰 병도 그의 튼튼함 앞에서는 맥을 못 출 것 같아 보인다. 내 친구만 보면 나는 불행한 존재 같다. 건강은 복이라는데, 그 친구는 하느님의 복을 받은 사람이고 나는 복을 받지 못한 사람인 것 같다. 아니 혹시 신이 나를 저주하고 있는 것은 아닐까?

어린 자녀를 둔 엄마는 반찬 투정을 하는 어린 자녀에게 이렇게 대응한다. "이것 먹으면 착한 아이! 안 먹으면 나쁜 아이!" 학교를 마치고 돌아온 아이가 가방을 팽개치고 뛰어 놀러 밖으로 나간다. 그런 자녀를 막아 세운 엄마. "숙제도 안 하고 밖에 나가 노는 것은 나쁜 행동이야!" 하는 수 없이 아이는 발길을 돌려 숙제를 편다. 그리고 책을 읽다 보니 엄마가 들어와 말한다. "아이고 우리 착한 아들!"

좋은 것과 나쁜 것, 천사 같은 사람과 악마 같은 사람, 축복과 불행, 착한 아이와 나쁜 아이, 천국과 지옥까지, 우리가 살고 있는 세상은 이렇게 모든 걸 둘로 나눌 수 있는 것일까?

02 창조 - "보시니 좋았다"(창세 1,10)

창고는 물건이나 자재를 저장하거나 보관하는 장소이다. 하지만 우리에게 창고는 무언가를 쌓아 놓는 곳일 때가 많다. 쓰다 남은 것, 필요가 없는 것, 버리기에는 아깝다고 느껴지는 것, 당장 필요하지 않은 것들을 하나 둘 창고에 넣는다. 그런데 창고를 열어보니 '창고에 넣었다'라는 표현보다 '창고에 처박아 두었다'라는 표현이 적절해 보인다. 마음을 한번 크게 먹고 날을 잡았다. 창고에 처박아 두었던 물건들을 모두 빼내고 정리에 들어간다. 버릴 건 버리고, 자주 쓸 물건부터 자주 쓰지 않을 물건까지 활용도에 맞추어 창고를 정리했다. 하루 종일 땀을 흘리고 마무리된 창고 정리. 정리한 창고를 열어본다. 'Before'와 'After'를 사진으로 찍었으면 할 만큼 깔끔하게 변했다. 마음이 뿌듯했다.

정리되지 않은 창고의 어지러움에는 비길 수 없는, 아무것도 없이 꼴을 갖추지 못하고 있었던 무(無)의 상태가 있었다. 세상에는 아무것도 존재하지 않았고 어둠만이 자리했다. '빛이 생겨라', '물 한가운데에 궁창이 생겨라', '푸른 싹이 돋아나라'(창세 1,3.6.11 참조). 그렇게 어둠에 빛이, 꼴이 없던 곳에 질서를 갖춘 모양이 생겨났다. 어지럽게 널브러진 창고를 정리한 뿌듯함 정도도 누군가에게 자랑을 하고 싶을 진데, 아무것도 없는 상태에 하나씩 하나씩 당신 사랑의 창조물들을 채워 만드신 세상을 바라보며, 그분께서 느끼신 뿌듯함은 단지 '좋았다'라는 몇 글자의 인간의 언어로 전부 표현될 수는 없을 것이다. 하지만, 하느님의 '좋았다'라는 표현에서 우리는 그 뿌듯함의 깊이를 느낄 수 있다. 그런데 하느님의 창조의 기쁨과 우리의 창고 정리의 뿌듯함에는 큰 차이가 있다.

'버리는 것이 정리의 시작!'이라는 말을 모토로 창고 정리를 시작했다. 필요 없는 것을 골라냈고, 그렇게 쓸모없는 것은 버렸다. 하지만 하느님 창조는 버릴 것과 쓸모없는 것을 구분하는 것이 아니었다. 하느님은 무엇인가를 버리거나 '쓸모없음'을 낙인찍고 기뻐하시지는 않는다. 왜냐하면 하느님께서는 '버릴 것과 버리지 않을 것', '쓸모없는 것과 쓸모 있는 것', '좋은 것과 나쁜 것'을 나누어 창조하지 않으셨기 때문이다. 하느님께로부터 나온 모든 것은 좋으신 하느님의 손에서 만들어진 것이고, 때문에 좋은 손에서 나온 모든 것은 좋은 것, 바로 선(善)에서 창조된 모든 만물은 선으로, 그리고 선을 향하여 창조되었다. 하느님께로부터 창조된 모든 것이 하느님에게는 쓰다 남은 것도, 필요가 없는 것도, 버리기에는 아깝다고 느껴지는 것도, 당장 필요하지 않은 것도 없는, 당신의 사랑 안에 질서 지어진 것들이다.

'물질 세계는 악한 세계요, 영적인 세계는 선의 세계'라며 물질과 영의 두 차원을 구분 짓는 이들이 있다. 물질 세계를 쫓아 살아가면 악한 사람이 되고, 악한 사람이 되면 구원받지 못하기 때문에 지옥 불을 면치 못한다고 한다. 나아가 하느님을 따라 살아가는 영적인 생활을 하는 사람만이 선한 사람이라고 초대하는 집단이 있다. 자신의 집단에 속해있는 사람만이 선한 사람들이고 그렇지 못한 사람들은 악한 사람이라고 한다. 자신의 집단에서 하느님을 따르지 않기 때문에 그들은 모두 악한 사람이며, 하느님은 그런 그들과 관계를 끊어버리시고 그들은 하느님에게 벌을 받을 것이라며 엄포를 놓는다. 악의 세계와 선의 세계, 좋은 것과 나쁜 것, 착한 사람과 나쁜 사람, 쓸모 있는 것과 쓸모없는 것, 흰색과 검은색. 우리가 쉽게 나누어 생각했던 그것을 이용한다. 마치 하느님께서도 그것을 구분하시는 것처럼 말이다.

하루하루를 엿새 동안 반복하며 당신 손에서 소중하고 사랑스럽게 세상을 만드셨다. 그리고 그것을 보고 뿌듯해하셨다. 좋은 것과 나쁜 것을 구분해 만들지도, 쓸모 있는 것과 쓸모없는 것을 나누어 쓸모없는 것을 보고 후회하며 그것을 버리지도 않으셨다. 하느님의 창조는 그렇게 사랑으로 시작되었고 사랑으로 완성되었다. 아무것도 없는 세상에 하느님께서 작은 하나라도 존재하는 것들을 만들고자 하신 이유는 단한 가지, 그 모든 것을 통해 당신의 영광을 드러내고 나누기 위함이다. 우리가 살아가는 세상과 세상 속의 모든 것들은 창고에 널브러져 쓸모의 판결을 기다리는 것들이 아니라, 하느님의 보금자리에서 살아가는, 그분 생명을 나누어 받은 소중한 그분의 것임을 잊지 말자.

03 더 읽어보기

『간추린 가톨릭 교회 교리서』

세상

하느님께서는 우주 만물을 풍요롭고 다양하며 질서 있게 창조하셨다. 그 풍요로움은 헤아릴 길 없고, 그 다양함은 놀랍기 그지없다. 그 질서 앞에 인간은 무한한 신뢰를 갖는다. 하느님께서 세상을 어떻게 창조하셨을까? 단지 말씀만으로, 무에서 창조하셨다. 저마다 고유한 아름다움과 함께 완전성도 지니고 있지만 완결한 상태가 아닌 완성을 향해 나가도록 창조하셨다. 이렛날의 쉼(안식)은 완성에 이른 안식을 뜻한다. 그런데 중요한 것은 '어떻게'가 아니라 '왜'이다. 하느님께서 왜 하늘과 땅을 창조하셨을까?

하느님의 영광을 위하여. 하느님께서는 당신 영광을 위하여 세상을 창조하셨다는 말은 당신 영광을 더하기 위해서가 아니라, 그 영광을 피조물 특히 인간과 나누시기 위해서라는 뜻이다.

선을 위하여. 하느님께서는 당신 선하심을 드러내고 나누시는 것이 바로 하느님의 영광이며, 이를 위해 세상이 창조되었다. 하느님께서는 창조하신 모든 것은 선하다.

사랑을 위하여. 하느님께서는 사랑으로 세상을 창조하셨다. 하느님의 사랑이 천지 창조의 동기이다. 사랑은 나눔이다. 하느님께서는 당신의 모든 것을 다 보여 주시고, 나누어 주신다.

사람을 위하여. 하느님께서는 당신 모습을 닮은 인간을 창조하시고, 세상 만물을 인간의 손에 맡기셨다. 만물은 인간을 향해, 인간을 위해 존재한다. 창조계의 정점에 인간이 있다.

위대한 자연 안에서 우리는 하느님의 영광, 선, 사랑을 보며 감탄한다. 그리고 그 안에 가득 찬 인간에 대한 하느님의 애정을 보며 감사와 찬미를 드린다(47-48쪽).

하느님께서 선하게 이 세상을 창조하셨는데 왜 악이 존재합니까?

하느님께서 악(물리적인 악과 윤리적인 악)을 허락하시는 것은 신비입니다. 이 신비는 악을 물리치시려고 죽으시고 부활하신 당신의 아들 예수 그리스도를 통하여 밝혀집니다. 하느님께서 악에서도 선을 이끌어낼 수 있으시기에 악을 허락하신다는 것을 우리는 신앙으로 확신합니다(48쪽).

『가톨릭 교회 교리서』

293항 "세상은 하느님의 영광을 위하여 창조되었다." 이것은 성경과 성전이 끊임없이 가르치고 찬미하는 진리이다. 보나벤투라 성인은 다음과 같이 설명한다. 하느님께서 만물을 창조하신 것은 "당신의 영광을 더하기 위해서가 아니라 그 영광을 드러내고 나누시기 위해서이다." 하느님께는 당신의 사랑과 선하심 이외에 창조를 위한 다른 이유가 없기 때문이다. "사랑의 열쇠가 만물을 창조할 손을 열었다."

294항 이렇게 당신 선하심을 드러내고 나누시는 것이 바로 하느님의 영광이며, 이를 위하여 세상이 창조되었다. "예수 그리스도를 통하여 우리를 당신의 자녀로 삼으시기로 미리 정하셨습니다. 이는 하느님의 그 좋으신 뜻에 따라 이루어진 것입니다. 그리하여 사랑하시는 아드님 안에서 우리에게 베푸신 그 은총의 영광을 찬양하게 하셨습니다"(에페 1,5-6). "하느님의 영광은 바로 살아 있는 인간이며, 인간의 생명은 하느님을 뵙는 것입니다. 창조를 통한 하느님의 계시가 벌써 지상의 모든 살아 있는 존재에게 생명을 주시는데, 하물며 '말씀'을 통한 성부의 드러나심이야 하느님을 뵙는 사람들에게 얼마나 더 생명을 주는 일이 되겠습니까." 창조의 궁극적인 목적은 "만물의 창조주이신 성부께서 마침내 '모든 것 안에서 모든 것'(1코린 15,28)이 되시어 당신의 영광을 드러내시고 동시에 우리의 행복을 돌보시는 것이다."

295항 우리는 하느님께서 당신의 지혜로 세상을 창조하셨다고 믿는다. 그러므로 세계는 어떤 필연성이나, 맹목적 운명이나, 우연의 산물이 아니다. 피조물들을 당신의 존재와 지혜와 선에 참여시키고자 하시는, 하느님의 자유로운 의지에서 세계가 생겨났음을 우리는 믿는다. "주님께서는 만물을 창조하셨고, 주님의 뜻에 따라 만물이 생겨나고 창조되었습니다"(묵시 4,11). "주님, 당신의 업적들이 얼마나 많습니까! 그 모든 것을 당신 슬기로 이루셨습니다"(시편 104[103],24). "주님은 모두에게 좋으신 분, 그 자비 당신의 모든 조물 위에 미치네"(시편 145[144],9).

섭리 그리고 악의 문제

309항 만일 질서 있고 선한 세계의 창조주이신 전능하신 하느님 아버지께서 당신의 모든 피조물을 돌보고 계시다면 어째서 악이 존재하는가— 절박하고도 피할 수 없으며, 고통스럽고도 신비한 이 질문에 그 어떤 성급한 대답도 충분하지는 못할 것이다. 그리스도교 신앙 전체가 이 질문에 대한 답이다. 창조의 선성(善性), 죄의 비극, 그리고 무엇보다도 당신의 계약, 구원을 위한 당신 아드님의 강생, 성령의 파견, 교회의 형성, 성사의 효력으로써, 그리고 자유로이 응할 수 있는 인간을 행복한 삶에 초대함으로써 인간에게 다가오시는 하느님의 고통스러운 사랑이 그 답이다. 그러나 사람들은 어떤 두려운 신비 때문에 이 초대를 회피할 수도 있다. 그리스도교 메시지 가운데 그 어느 것도 어느 모로든 악에 대한 대답 아닌 것이 없다.

04 우리들의 노력

· 세상 만물 속에 하느님의 살아있는 생명을 찾아봅니다.
· 세상의 모든 것이 하느님의 손에서 나온 선(善)한 것임을 찬미합니다.
· 하느님의 영광을 드러내기 위해서 내가 할 수 있는 일을 찾아봅니다.

- 이분법적으로 생각하는 세상의 흐름에 휩쓸리지 않아봅니다.
- 섣불리 선과 악을 판단하지 않습니다.
- 물질과 영, 혹은 성령과 악령을 구분하는 영신의 태도를 피하기 위해 노력합니다.

원죄 - "너 어디 있느냐?"(창세 3,9)

01 현상

"벌레만도 못한 내가 용서받을 수 있나요"라는 교회의 찬송가를 들어본 적이 있다. 죄를 지은 인간은 하느님 앞에서 보잘 것 없는 존재가 되어버렸기 때문에 벌레만도 못하다고 자신을 낮추어 표현한 것이다. 하지만 인간이 벌레일 수는 없다. 인간을 아무리 낮추어 부른다고 하더라도, 내가 죄를 지었다 하더라도, 하느님은 인간을 사랑하셔서 당신 모습대로 창조하셨다고 들었는데 과연 하느님의 사랑을 받고 살아가는 내가 죄를 지었다고 해서 벌레만도 못한 존재가 되어버린 것일까?

교회에 열심히 다닌다는 사람이, 죄를 지은 사람은 벌레만도 못하다며 자존감을 자꾸만 떨어뜨린다. 그래! 잘못은 했으니까. 그 잘못을 지니고 하느님 앞에서 응당 권리를 요구할 수는 없으니까. 그런데 하느님은 그런 잘못을 용서해주시는 분은 아닐까?

그는 이어서 하느님의 용서는 오직 한 곳에 있다며 나를 자신의 교회로 초대한다. 죄는 파멸이지만 죄를 이길 구원이 지금 이루어진다고, 자신의 교회에 가기만 하면 죄가 없어질 것이라고 한껏 기대를 심어준다. 인류의 역사가 그랬다고 장황하게 늘어놓는다. 잘 알고 있는 아담의 죄. 하느님과 같아지고 싶었던 그들이 선과 악을 알게 하는 열매를 탐했고, 죄를 저질렀다. 그는 그런 그들을 흉악한 범죄자로 만들어버린다. 하다못해 아담과 하와의 죄로 하느님은 당신이 창조한 세상을 파멸시키시고 다시 창조하신다고 한다. 마치 도화지에 그림을 그리다 잘못 그리게 되면 그것을 찢어버리고 새 도화지를 펼치는 것과 같이 말이다. 그리고는 노아라는 인물을 통해서 다시 창조했다고 하고, 노아 시대에 민족들이 지은 잘못으로 또다시 그 시대의 사람들을 모두 파멸시키고 다시 창조하시는, 창조와 다시 창조(재창조)를 반복하시는 것이 구약의 역사라고 설명한다. 그렇다면 신약의 역사는? 예수님께서 오셨다고 하지만 지금 우리 눈으로 예수님을 볼 수 없는 것은, 사람들이 예수님을 죽이는 죄를 저질렀기 때문이라고 한다. 그래서 새롭게 창조했다던 예수님의 세계는 멸망했고 또다시 새로운 창조가 필요한데 그것은 자신의 교회에 함께 가보면 알 수 있다고 나를 이끈다.

그 교회에 가보니 그 세상은 바로 자신들의 교주가 만든 세상, 자신들의 교주가 만든 집단이라고 한다. 그곳에 있으면 죄를 모를 것이고, 그곳에 속하지 않는 모든 사람들은 죄인이라고 말한다. 내가 그곳에 열심히 다니기만 하면 내 조상의 죄도, 내 부모 형제의 죄도 없어질 것이라고 한다. 어디서 많이 들어본 이야기이다. 조상의 죄를 치유 받아야 한다? 죄는 파멸이다? 예수의 죽음 또한 죄로 인한 실패이다? 맞다! 이상한 교회였다. 유사종교 이단 분파라고 들어왔던 그곳이었다.

02 원죄 - "너 어디 있느냐?" (창세 3,9)

'이불 킥.' 잠을 자려 누워서 오늘 하루 있었던 일들을 생각해보니 한 가지 마음에 걸리는 것이 있다. 회사에서 동료에게 말로 상처를 준 것이다. 그럴 의도는 없었는데 갑작스럽게 내뱉은 말에 그와의 관계는 멀어지고 말았다. 후회스러웠다. 덮고 있던 이불을 걷어차며 발길질을 했다. 그 일을 되돌리고 싶다. 이미 뱉어버린 말을 주워 담을 수도 없는 노릇이니 후회만 가득하다. 하지만 기회는 있을 것이다. 그에게 용서를 청하고 화해할 기회가 찾아올 것이다. 그때 용기 내어 화해를 청하기로 다짐하며 발로 차버렸던 이불을 정리하고 겨우 잠자리에 든다.

스스로 잘못했다고 생각한 일을 되새겨보며 용서를 구하기로 마음을 먹는다면, 지워버리고 싶고 이불을 걷어찰 만큼 후회했던 그 일은 오히려 어색해진 관계를 더 돈독하게 해줄 것이다. 기회가 찾아왔을 때 용기를 내어 용서를 구한다면, 그것은 관계의 상처를 아물게 하고 새 살을 돋게 해준다. 먼저 손을 내미는 것. 그것은 관계를 새롭게 탈바꿈시킨다. 그는 나의 마음을 알아주고, 우리는 그렇게 더 돈독해질 수 있다. 그렇게 실수와 잘못, 그리고 후회는 용서와 사랑을 낳는다.

하지만 잘못은, 그리고 죄는 씻어질 수 없다고 우리를 위협하는 사람들이 있다. 그들은 인류의 첫 죄부터 그러하였다고 주장한다. 죄는 회복될 수 없다고 이들은 엄포를 놓는다. 아담과 하와가 지은 죄의 결과는 파멸이라고 해석한다. 창조 이래로 지은 죄 때문에 하느님은 그들을 파멸시키고 세상을 다시 창조하셨다고 말한다. 세상의 역사는 그렇게 노아의 시대에도, 아브라함의 시대에도, 심지어 예수의 시대에도, 하느님께서 창조하신 세상은 죄로 말미암아 파멸되었고 다시 창조하시는 일이 반복되었다고 주장한다. 과연 하느님께서는 그렇게 무서운 분이실까? 하느님은 인류를 창조하시고 '보시니 좋았다' 하신 말씀을 거두고 파멸한 후 다시 창조를 반복하시는 무자비한 하느님이실까?

뱀의 유혹에 넘어가 하느님께서 탐하지 말라고 하셨던 선과 악을 알게 하는 열매를 먹고야 만 아담과 하와. 그들은 그것을 먹었을 때, 이미 눈이 열려 부끄러움을 알게 되었다. 얼마나 후회스러웠을까. 이불을 발로 걷어차다 못해 그들은 숨어버렸다. 하느님을 볼 염치가 없었다. 죄였다. 죄는 관계의 단절이었다. 하느님께서 당신 모습으로 지어주신 사랑에 대한 거부였다. 하느님께서 만들어 주신 아름다운 모습에 흠집이 나버렸다. 지워질 수 없는 흠집, 원죄(原罪)였다.

믿었던 사랑의 상처는 쉽게 지워지지 않는다. 그럼에도 불구하고 하느님께서는 당신 사랑에 상처를 입힌 그들을 부르신다. 첫 인간은 피의자를 법정에 세우듯 고소하는 하느님을 두려워했다. 하지만 하느님의 말은 뜻밖이었다. 하느님은 숨어있던 그들에게 말씀을 건네신다. "너 어디 있느냐?"(창세 3,9). 그 짧은 말 한마디에 사랑이 담겨있다. 모든 것을 알고 계신 그분께서 숨어있는 첫 인간이 어디에 있는지 모르실 리 만무하다. 그런데 왜 부르실까? 그것은 당신 앞에 나오라는 초대이다. 자신들의 잘못을 나와서 고백하라는 그분의 초대였다. 그렇게 상처를 낫게 해주시려는 그분의 손길이었다. 용서는 회복이었다.

당신께 등 돌린 이들, 등을 돌리고 후회하는 이들을 향한 그분의 마음은 애끓는 것이었다. 깊은 감정이 머무는 곳인 애간장이 끊어지는 고통으로 그들을 바라보는 자비였다. 유혹에 넘어가 당신 사랑의 관계를 잃어버렸던 그들에게 하느님께서 다시 내민 회복의 손길은 바로 자비였다. 하지만 인간은 완전하지 못했다. 잘못을 절실히 깨달았고 용서의 사랑도 절실히 느꼈지만 또다시 죄를 짓게 된다. 자꾸만 하느님을 잊고 살고 하느님과 같아지려 하며, 분명한 옳은 길에 눈을 감고 자신의 길만 내세우려 한다. 그리고 또 후회한다.

하느님이 보이지 않아 자꾸만 당신을 저버리는 이들을 향해 그분은 당신의 모습을 드러내 보이셨다. 인간의 모든 잘못을 용서해주시고자 한 사람을 보내셨다. 잘못을 깨달고 뉘우치는 이들을 부르러 그분이 오셨다. 그분 예수는 죄 많은 사람들 곁에 있었다. 그들의 죄를 캐묻지도 않았는데 그 앞에 선 이들은 자신의 죄를 고백했다. 그리고 그분을 집에 모시고 자신이 부당하게 챙겨온 많은 것들을 내어놓겠다고 약속했다.

그랬다. 죄는 용서보다 강할 수 없었다. 후회는 참회를, 참회는 용서를 구했고, 용서는 상처난 사랑을 치료했다. 새 살이 돋아났고 상처는 회복되었다. 예수 그리스도는 인류가 지은 죄의 상처를 치유하시고자 우리게 찾아오셨고, 사람들이 자신을 죽음으로 내몰았던 처절한 배신 속에서도, 하느님께서 인류를 창조하신 목적 하나만을 기억했다. 그것은 사랑이었다. 그리고 사랑으로 용서했다. "아버지, 저들을 용서해 주십시오"(루카 23,34).

아담의 죄는 예수 그리스도의 사랑으로 용서를 얻었다. 우리의 죄를 바라보며 그리스도의 자비는 지금도 손을 내밀고 있다. 이불을 걷어차며 후회하지 말고 당신 앞에 나와 죄를 고백하기를 기다리고 계신다.

도화지에 그림을 그리다 실패했다고 종이를 다시 찢을 필요 없다. 하느님은 도화지에 선이 어긋난 그림을 보고 도화지를 찢어버리시지 않는다. 그분께서 우리에게 맡기신 도화지는 한 장뿐이다. 한 장의 도화지 위에 그림을 그리다 때로는 유혹으로, 때로는 시기로, 때로는 욕심으로 빚어진 어긋난 선을 하느님께서는 말끔히 지우고 다시 그릴 수 있도록 길을 열어주시는 분이시다.

태초의 창조는 죄로 인해 실패하지 않았다. 그 사랑은 인류를 구원하신 예수 그리스도의 십자가 위에서의 용서로 완전한 회복을 이루었다. 죄로 인해 실패한 창조 이후에 누군가가 나타나 다시 창조하기를 기다리는 헛된 믿음이 아니라, 언제나 우리의 죄를 용서해주시고 기다리시는 하느님께 나아가야 할 것이다.

03 더 읽어보기

『간추린 가톨릭 교회 교리서』

원죄

이로써 인간은 하느님과 친교를 잃었다. 그리고 자신과의 관계, 남자와 여자의 관계, 인간과 인간의 관계, 인간과 자연의 관계를 조화롭게 하던 하느님의 거룩함과 의로움을 잃게 되고, 죽음이 인류 역사 안으로 들어오게 되었다. "선과 악을 알게 하는 나무에서는 따 먹으면 안된다. 그 열매를 따 먹는 날, 너는 반드시 죽을 것이다"(창세 2,17).

인간은 영원한 삶으로 초대하시는 하느님의 뜻을 어기고 죄를 지었으며, 원의(原意)는 사라지고 조화는 깨졌다. 아담 이후 모든 인간은 원의를 잃은 상태, 조화가 깨진 상태, 영원한 생명을 잃은 상태로 태어난다. 이것을 원죄(原罪)라 한다. 아담이 지은 죄를 원죄라 일컫기도 하지만, 구원을 받지 않으면 안 되는 불행한 상태로 태어나는 것이 원죄라는 말이다.

오늘도 인간은 하느님께서 그어 주신 분명한 선을 부인하고, 자신이 선악의 주인 노릇을 하려고 한다. 그러므로 원죄 이야기는 다름 아닌, 오늘의 우리 이야기이다(55쪽).

『가톨릭 교회 교리서』

387항 죄의 실재, 특히 원죄의 실재는 오로지 하느님 계시의 빛으로 밝혀진다. 하느님에 대한 계시가 없다면 우리는 죄를 명확하게 이해할 수 없으며, 단지 죄를 성장의 결함, 심리적 나약함, 어떤 잘못, 또는 부적합한 사회 구조에서 나오는 필연적 결과 등으로 설명하려고 애썼을 것이다. 인간에 대한 하느님의 계획을 앎으로써만, 하느님께서 창조하신 인간들이 그분을 사랑하고 서로를 사랑할 수 있도록 주신 자유를 오용하는 것이 죄임을 이해하게 된다.

388항 […] 죄의 원천인 아담을 알려면 은총의 원천으로서 그리스도를 알아야 한다.

389항 원죄 교리는, 예수님께서 모든 사람의 구원자이시며, 모든 사람에게 구원이 필요하고, 그 구원은 그리스도의 은총으로 모든 사람에게 주어진다는 복음의 '이면'(裏面)이라고 말할 수 있다.

396항 하느님께서는 인간을 당신의 모습으로 창조하셨고 당신과 친교를 이루게 하셨다. 영적 피조물인 인간은 하느님께 자유롭게 순명함으로써만 이 친교를 누리며 살 수 있다. 인간에게 선과 악을 알게 하는 나무 열매를 먹지 말라고 하는 금지령은 이것을 표명하는 것이다. "그 열매를 따 먹는 날, 너는 반드시 죽을 것이다"(창세 2,17). "선과 악을 알게 하는 나무"(창세 2,17)는 피조물인 인간이 자유로이 인정하고 신뢰로써 지켜야 할, 넘어서는 안 되는 한계를 상징적으로 환기시킨다. 창조주께 속해 있는 인간은 창조 질서와 자유의 사용을 규제하는 윤리적 규범의 지배를 받는다.

397항 악마에게 유혹을 받은 인간은 자신의 마음속에 있는 창조주를 향한 신뢰가 죽게 버려두었으며, 자신의 자유를 남용함으로써 하느님의 계명에 불순종하였다. 바로 여기에서 인간의 첫 범죄가 성립하는 것이다. 그 뒤의 모든 죄는 하느님에 대한 하나의 불순종이 되고 하느님의 선하심에 대한 신뢰의 결핍이 될 것이다.

399항 성경은 이러한 첫 불순종의 비극적인 결과를 보여 준다. 아담과 하와는 곧 원초적 거룩함의 은총을 잃는다. 그들은 하느님께서 당신의 특권에 집착하시는 분이라고 잘못 생각하고 하느님을 두려워하게 되었다.

402항 모든 사람은 아담의 죄에 연관된다. 바오로 사도는 "한 사람의 불순종으로 많은 이가 죄인이 되었다."(로마 5,19)고 말한다. "한 사람을 통하여 죄가 세상에 들어왔고 죄를 통하여 죽음이 들어왔듯이, 또한 이렇게 모두 죄를 지었으므로 모든 사람에게 죽음이 미치게 되었습니다"(로마 5,12). 죄와 죽음의 보편성에 대비시켜 사도는 그리스도 안에 있는 구원의 보편성을 내세운다. "한 사람의 불순종으로 많은 이가 죄인이 되었듯이, 한 사람의 순종으로 많은 이가 의로운 사람이 될 것입니다"(로마 5,19).

04 우리들의 노력

- 고해성사를 통해 하느님의 자비를 얻습니다.
- 잠자리 들기 전 하루의 잘못을 성찰하며 하느님의 용서와 자비를 청할 수 있습니다.
- 나는 선(善)이며 다른 이들은 죄(罪)가 있다는 판단을 멈춥니다.
- 다른 이들이 저지를 잘못은 용서받을 수 없다는 단죄의 태도 앞에서 하느님의 자비를 기억합니다.
- 죄를 짓는 이들을 위해 하느님의 자비를 청하는 기도를 바칩니다.
- 하느님의 창조가 사랑의 완성을 이룰 그때까지 회개하며 하느님의 길을 찾는 것을 게을리하지 않습니다.

11

신(神) - 하느님이 되고 싶어 하는 이들

---

01 현상

아이를 낳고 우울증에 힘들어 했다. 이렇게 힘들어 하는 나를 보고 친구는 교회에 나가서 함께 기도해보자고 신앙을 권유했다. 너무나 고통스러워 속는 셈 치고 교회에 나갔다. 기도를 하다 보니 정말 마음에 평화가 찾아오는 것 같았다. 예전에 어두웠던 얼굴도 밝아지기 시작했다. 사람들이 나를 보고 주님께 감사하라고들 한다. 그러면서 주님의 은혜를 많이 받은 것이라 칭찬하며 나를 보며 기뻐한다. 주님은 나를 특별히 사랑하시기에 나에게 특별한 은혜를 내려준 것일까?

그런 나를 보고 사람들은 자신들의 기도를 청한다. 내 기도로 우울증이 사라지게 된 것은 영험(靈驗)한 능력이라고 추앙한다. 정말 나에게 그런 능력이 있을까? 사람들의 어려움을 위해 기도했다. 그리고 시간이 지나 나에게 기도를 청했던 사람들이 고마움을 전한다. 사실 나는 그리 한 것이 없는데 사람들이 나에게 고마워하기 시작한다. 그리고 그들은 내 말이라 하면 성경에 나와 있는 하느님 말씀처럼 잘 따르며 내 곁에 있다.

'그래, 나는 특별한 사람인가보다. 내가 이 교회에서 신도로 있는 것은 아까워! 내가 하느님과 내통(內通)한 사람이라고 하면 사람들이 나를 더 잘 따라올 거야!'라는 마음으로 새로운 교회를 차렸다. 카리스마 있는 말. 신비한 능력. 마음이 흔들리는 사람에게 내미는 위로. 이것만으로 내 교회에 사람들이 넘쳤다. 그리고 그들은 나를 보면 하느님이 보인다고들 한다. '아! 내가 신(神)이 됐구나!'

얼마 지나 교회를 찾는 사람들이 줄어든다. 왜 그런지 사람들에게 수소문해 보았다. 그러던 중, 한 사람이 나에게 말한다. 내 교회에서 얻을 수 있는 것은 더 이상 없다고 느낀 이들이 더 영험한 사람을 찾아 나갔다는 것이다. '아! 나 말고 또 다른 신이 나타났구나!'

한국에서 이렇게 이어져 온 유사종교 이단 분파의 흐름이 100년이 넘었다. 그들 집단의 교주들 모두는 하느님이 되고 싶어 하는 이들이다. 그들에게 현혹되어 그들을 따르고, 또다시 그들로부터 얻을 것이 없으면 새로운 신을 찾는 이들. 그리고 새로운 신을 만들어 내는 이들이다. 그렇게 우리나라에는 자칭 하느님만 20명, 자칭 예수만 50명이 넘는다고 한다.

02 신(神)- 하느님이 되고 싶어 하는 이들

신(神)이 되길 바라는 인간이 있다. 모든 것은 자신의 노력에 달려있다고 믿으며 자신을 다그친다. 행복은 부(富)에 의해 결정되는 것처럼 보이는 세상에 살다보니, 돈을 벌기 위한 노력은 곧 행복을 얻기 위한 노력이다. 그래서 남들보다 재물을 많이 쌓기 위해 자신을 다그친다. 어느 정도 물질적인 여유를 누릴 즈음, 그것만으로는 완전히 행복해지지 않는다는 것을 깨닫는다. 그리고 더 높은 자리에 오르면 행복이 채워질 것이라고 생각한다. 힘과 권력을 얻기 위해 또다시 자신을 다그친다. 그런데 어느 자리에까지 올라야 완전히 행복해질지는 알지 못한다. 한 계단, 한 계단 올라갈수록 앞에는 또 다른 계단들이 놓여있기 때문이다. 자신의 힘으로 모든 것을 얻어 행복해지고자 했던 사람, 그 사람의 바람은 어쩌면 신이 되어야만 실현 가능한 것이었는지 모른다.

사실 인간은 자신의 바람을 이루기 위해 끊임없이 노력하며 살아간다. 세상의 온갖 악(惡)에 맞서는 방법으로 선(善)만을 택하는 것이 아니라, 그에 맞설 수 있는 더욱 센 힘을 기르고자 한다. 육체를 괴롭히는 병이 사라지기를 바라며 몸에 좋은 것들을 미리부터 챙겨 먹고, 고통이 극복되는 의학 기술에 주목하기도 한다. 그런데 인간의 욕구는 늘 더 큰 것을 바라며 커지게 마련이다. 상상으로 꿈꿨던 수준의 부와 번영, 튼튼한 몸으로 평생을 살 수 있을 것만 같은 건강, 누구도 얕잡아 보지 못하게 키워놓은 권력으로 이룬 이름의 평화 등. 그런데 이것들을 이루기 위해 노력하면서도 내심 채워지지 않는 무언가가 있음을 발견하게 된다. 번영을 누려도 채워지지 않고, 권력을 누려도 허전함은 남아있으며 건강을 얻어도 영원히 살 수는 없는 한계. 참된 진리와 행복을 향한 갈망은 자신의 노력만으로 채워지지 않음을 깨닫는다.

하느님은 당신의 모습으로 사람을 창조하시고 사람의 코에 당신의 숨을 불어 넣으셨다(창세 2,7 참조). 인간에게 당신의 모습을 나누어주신 것이다. 그렇게 하느님께서는 인간의 마음속에, 인간이 당신의 소유임을 인증하시는 도장을 새겨 놓으셨다. 그것은 인간이 가진 갈망, 곧 행복을 추구하고 진리를 찾고자 하는 갈망을 통해 알 수 있다. 오직 하느님에게만 진리와 행복이 있기에, 그것은 하느님을 향한 갈망이다. 하느님께서는 인간이 당신을 향한 갈망을 갖도록 미리부터 그의 마음속에 당신의 흔적을 심어 놓으신 것이다. 혼자만의 능력으로 신(神)이 되면 행복할 수 있으리라는 헛된 기대를 하는 것이 아니라, 자신을 창조한 창조주로서의 하느님을 찾고, 온 세상을 자신을 위해 창조하신 사랑의 전능하심을 알고 느끼기 위해 하느님을 찾으며, 그분 품으로 다시 돌아가는 행복을 얻기 위해 당신을 찾고자 하는 마음을 심어 놓으신 것이다. 하느님 없이도 행복을 얻을 수 있으리라는 착각으로 더 많은 것을 갖고 더 높은 자리에 올라 자신이 하느님이 되려는 교만한 이들을, 하느님께서는 행복과 진리의 세계로 초대하신다. 오직 인간에게만 전달된 초대이다. 오직 인간만이 하느님을 알고 사랑함으로써 하느님의 생명으로 초대되었다. 그렇게 인간은 생명으로 나아가는 것이다. 사랑의 완성을 갈망하는 것이다.

개인의 노력으로 얻어진 부(富)를 통해서 기쁨을 누릴 수 있을지 모른다. 누군가에게 지시할 수 있는 자리에 올라 자신의 권위를 느끼고 뿌듯해 할 수 있을지 모른다. 하지만 인간이 궁극적으로 갈망하는 진리와 영원한 행복은 하느님께 있고, 하느님을 향한 갈망은 인간의 가슴 속에 새겨져 있다. 따라서 인간은 하느님을 향해 나아가며 그분과 행복을 나누고자 한다. 그 행복은 지상에서 원하는 모든 것을 이루어 얻을 수 있는 것이 아니라, 하느님을 만나 그분과 우리의 얼굴을 맞대는 지복직관(至福直觀, Visio Dei)의 순간 이루어질 행복이다. 지상에서 슈퍼맨과 같은 영웅이나 신이 되어 사람들의 추앙을 받는 행복을 갈망하는 것이 아니라, 천상의 하느님 나라에서 하느님을 만나 하느님과 같이 되는(신화, 神化, deificatio) 행복을 갈망하는 것이다.

인간 욕구의 끝에는 하느님에 대한 찬미가 있다. 슈퍼맨이 되기 위해 부단히 노력하다보면 슈퍼맨이 될 수 없는 나를 발견하며, 슈퍼맨보다 전능하시고 영원하신 하느님을 만나게 된다. 그리고 우리는 그분을 찬미하게 될 것이다.

03 더 읽어보기

『간추린 가톨릭 교회 교리서』
사람이 태어난 목적

옛 교리 문답 첫 조목은 이렇게 시작한다. "사람이 무엇을 위하여 세상에 났느뇨?", "사람이 천주를 알아 공경하고 자기 영혼을 구하기 위하여 세상에 났느니라." 하느님을 아는 것은 자기가 어떤 존재인지 아는 것과 통하고, 하느님을 사랑하는 것은 자기를 사랑하는 것과 통한다. 하느님을 알고 사랑하는 일이 자기를 알고 사랑하는 일과 무관하지 않다는 말이다. 올바로 자기를 알고 사랑하려면, 하느님을 바로 알고 사랑하지 않으면 안 된다(11-12쪽).

인간은 하느님을 알 수 있다

하느님을 향한 인간의 갈망은 인간의 마음속에 깊이 새겨져 있다. 인간은 하느님을 향하여, 하느님에 의해 창조되었기 때문이다. 하느님께서는 늘 인간을 당신께로 이끌고 계시며, 인간이 끊임없이 추구하는 진리와 행복은 오직 하느님 안에서만 찾을 수 있다(19쪽).

하느님을 향한 갈망 – 인간은 종교적 존재

"인간은 하느님을 알 수 없다"고 말하는 사람들에게 그리스도인들은 "인간은 하느님을 알 수 있다"고 말한다. 문제는 하느님께서 계시느냐 안 계시느냐 하는 데 있지 않다. 신앙을 갖지 않은 사람들 가운데서도 하느님께서 계심을 부정하지 않는 사람들이 많다. 그들은 다만 그 하느님과 아무런 관계도 없는 양, 하느님과는 무관하게 살아간다.

그러나 그리스도인들은, 인간이 결코 하느님과 무관하게 살 수는 없다고 말한다. 왜 그럴까? 인간은 하느님에게서 왔으며(창세 2,7 참조), 하느님을 향해 창조되었기 때문이다. 인간의 궁극 목표는 하느님이다. 우리는 하느님에게서 와서 하느님께 돌아가는 존재이다. "주님, 주님을 향해 가도록 저희를 내셨기에, 주님 안에 쉬기까지는 저희 마음이 참참하지 않삽나이다"(성 아우구스티노)(19쪽).

"전능하신 천주 성부"

우리가 믿는 하느님은 "전능하신 천주 성부"이시다. 우리는 하느님을 아버지로 믿는다. 하느님께서 만일 하느님이시기만 하면, 죄 많은 인간은 하느님 앞에 감히 나설 수 없을 것이다. 그러나 하느님께서는 자비

와 은총, 사랑과 진실이 가득하신 우리 아버지이시다. […]

  그 하느님은 전능하시다. 놀라운 우주 만물이 그분의 전능을 증언하고 있다. 전능하신 분이 아니고서는 이처럼 위대한 우주를 창조할 수도, 유지할 수도, 완성할 수도 없다(41-42쪽).

창조-삼위일체 하느님의 업적

하느님 홀로 창조주이시고, 모든 것은 그분께서 창조하셨다. 하느님께서는 자유로이 '무에서' 만물을 창조하신 것이다(45쪽).

창조와 하느님의 섭리

하느님은 당신께서 창조하신 세계를 끊임없이 보살피시고 이끄신다(46쪽).

하느님의 모습으로 창조된 인간

"하느님께서는 이렇게 당신의 모습으로 사람을 창조하셨다. 하느님의 모습으로 사람을 창조하시되 남자와 여자로 그들을 창조하셨다"(창세 1,27). 만물 가운데서 오직 인간만이 창조주를 알아 사랑할 수 있으며, 인간만이 그 자체를 위하여 하느님께서 원하신 유일한 피조물이고, 오직 인간만이 하느님을 알고 사랑함으로써 하느님의 생명에 참여하도록 부름을 받았다. 하느님께서는 모든 것을 인간을 위하여 창조하셨고, 인간은 또한 모든 것을 선용함으로써 이 모두가 하느님의 것이 되게 할 소명을 받았다(53쪽).

『가톨릭 교회 교리서』

27항 하느님을 향한 갈망은 인간의 마음속 깊이 새겨져 있다. 인간은 하느님을 향하여, 하느님에게서 창조되었기 때문이다. 하느님께서는 늘 인간을 당신께로 이끌고 계시며, 인간이 끊임없이 추구하는 진리와 행복은 오직 하느님 안에서만 찾을 수 있다.

29항 그러나 인간은 "하느님과 이토록 친밀한 생명의 결합"을 종종 망각하고, 이를 인정하지 않으며, 심지어 명백하게 거부하기까지 한다. 이러한 태도들은 매우 다양한 근원에서 비롯될 수 있다. 곧 세상의 불행에 대한 반발, 종교적인 무지나 무관심, 현세와 재물에 대한 근심, 신앙인들의 좋지 못한 표양, 종교에 대한 적대적 사조, 그리고 끝으로, 하느님이 두려워 몸을 숨기며, 그분의 부름을 듣고 달아나는, 죄인인 인간의 태도 등이다.

268항 우리는 하느님의 전능이 우주적이라고 믿는다. 왜냐하면 하느님께서는 온 세상을 창조하셨고, 모든 것을 다스리시며 모든 것을 하실 수 있기 때문이다. 또 하느님께서는 우리의 아버지이시기 때문에 그 전능은 곧 사랑으로 충만한 전능이라고 믿는다. 이 전능이 "약한 데에서 완전히 드러날"(2코린 12,9) 때 신앙만이 이를 알아볼 수 있기 때문에 신비로운 것이라고 우리는 믿는다.

279항 "한처음에 하느님께서 하늘과 땅을 창조하셨다"(창세 1,1). 이러한 장엄한 말로 성경은 시작된다. 신경은 이 말을 인용하여 "천지의 창조주", "유형무형한 만물의 창조주"이신 전능하신 하느님 아버지를 고백한다.

280항 창조는 '구원을 위한 하느님의 모든 계획'의 기초이며, 그리스도 안에서 절정에 이르는 "구원 역사의 시작"이다. 거꾸로 말하면, 그리스도의 신비는 창조의 신비를 비추는 결정적인 빛이다. 그리스도의 신비는 "한처음에 하느님께서 하늘과 땅을 창조하신"(창세 1,1) 창조의 목적을 밝혀 준다. 한처음부터 하느님께서는 그리스도 안에서 이루어질 새로운 창조의 영광을 의중에 두셨던 것이다.

356항 보이는 모든 피조물 가운데서 오직 인간만이 "창조주를 알고 사랑할 수 있으며", 인간만이 "지상에서 그 자체를 위하여 하느님께서 바라신 유일한 피조물"이고, 오직 인간만이 하느님을 알고 사랑함으로써, 하느님의 생명에 참여하도록 부름을 받았다. 인간은 바로 이 목적 때문에 창조되었으며, 이것이 인간 존엄성의 근본적인 이유이다.

358항 하느님께서는 모든 것을 인간을 위하여 창조하셨다. 그러나 인간은 하느님을 섬기고, 하느님을 사랑하며, 하느님께 모든 피조물을 봉헌하도록 창조되었다.

04 우리들의 노력

- 하느님 한 분 외에 다른 신(神)을 쫓지 않습니다.
- 물질, 능력, 힘을 또 하나의 신으로 우상숭배하지 않습니다.
- 인간은 하느님의 최고의 창조물임을 기억하고 인간이 하느님이 될 수 없음을 기억합니다.
- 자신이 하느님이라고 주장하는 사람은 우리나라만 해도 많은 사람이 있으므로 그들 말에 현혹되지 않습니다.
- 세상의 것이 주는 위로 앞에 하느님의 영원하심을 기억합니다.

12

그리스도 – 승리한 구원자

01 현상

종교마다 사랑과 평화를 추구한다고 하지만, 종교가 분쟁의 씨앗이 되는 곳이 있다. 아직도 그곳에서는 신(神)이라는 이름으로 서로에게 날선 공격을 한다. 서로를 인정하지 않는 그들에게 사랑과 평화는 자신만을 위한 것이 될 때가 많다.

그에 비하면 우리나라는 다수의 종교가 평화를 이루고 있는 나라이다. 부처님 오신 날에는 신부님들이 절에 축하 인사를 전하고, 주님 성탄 대축일에는 스님들이 성당에 축하 인사를 전한다. 우리는 서로 다른 종교적 믿음을 갖고 있지만 서로를 존중하며 함께 살아가는 이웃이라 하여 그들을 '이웃 종교'라고 부른다. 하지만 종교(宗敎)의 근원적(宗) 가르침(敎)을 지니지 않은 채 그 이름만을 빌려 그저 자리만 하나 만들어 보고자 하는 이들이 있다.

우리는 '우리 주 예수 그리스도를 통하여' 기도한다. 날마다 기도하며 주 예수 그리스도이신 하느님을 찾는다. 종교적인 풍요가 넘치는 한국 땅에는 벌써 20명이 넘는 '자칭 예수'가 살고 있다. 예수 그리스도를 믿는 교회가 개별의 형태를 지닐 수 있는 개신교(protestant)의 조직적 특성을 틈타, 자신이 그곳의 우두머리가 되고자 자기 자신을 예수라고 부르는 이들이 있다. 그들은 교회를 만든다. 2천 년 전 예수는 십자가에서 죽었고, 그는 다시 올 것이라고 약속했는데, 약속되어 다시 온 사람이 자신이라고 주장하는 사람이 20명이 넘는 것이다.

그들 각자가 자신들의 집단을 교회라 이름 붙여 만들어 놓았고 사람들에게 스스로를 예수라 속이고 있으니, 사람들을 모으는 방법에도 당연지사 속임수가 필요하다. 그리고 그들은 자신만을 강조해야 하니 다른 이들을 인정할 수도 없다. 양의 모습을 한 이리의 속내 속에 사랑과 평화는 자신만을 위한 그것일 뿐이다. 그래서 우리는 그들을 '종교'라고 부를 수가 없다. 자칭 예수들이 만들어낸 집단은 이단 분파의 사이비에 불과하다.

2천 년 전의 그 사랑을 잊고 스스로가 예수라며 심취해 있는 그들을 따라갈 것인가? 그럼 20명의 자칭 예수 중에 누구를 선택할 것인가?

02 그리스도-승리한 구원자

4월 16일. 이 날짜는 우리 기억에서 쉽게 잊힐 수 없는 날짜다. 그날, 우리는 가슴 아파했고 지금도 그날이 되면 마음이 먹먹해진다. 수학여행의 들뜬 마음을 차가운 바닷물과 바꿔야 했던 아이들이 기억나서이고, 친구들을 두고 물 밖으로 나와 살아가는 아이들의 마음이 짐짓 느껴져서 그렇다. 그리고 또 하나, 누군가를 위해 자신의 생명을 바친 사람들이 기억나서 그러하다. 생명의 조끼를 벗어 던져 누군가를 끌어올린 후 자신은 바닷속으로 가라앉은 이들. 그리고 그들을 구하겠다고 제 몸 돌볼 새 없이 밤낮 차가운 물속에 뛰어들었던 이들. 남을 위한 희생이었다. '남'이라고 하면 너무 매정하게 느껴질 이들인, '형제'를 위한 내어줌이었다. 그리고 우리는 그들을 의인이라고 부른다.

사랑이었다. 제자들이 목숨을 지켜내기를 바라는 스승의 사랑이었고, 얼굴 한 번 본 적 없지만 차가운 물속에서 고통스러워할 이들을 위한 사랑이었다.

이들의 사랑의 깊이 또한 우리는 가늠하지 못할진대, 미운 사람, 고운 사람, 선한 사람, 죄 많은 사람 그 모두를 위해 자신을 내어준 사랑이 있다. 그 사랑을 내어줬음에도 돌아오는 것은 손가락질과 험담뿐이었다. 사랑을 내어준 결과 돌아오는 것은 십자 형틀 위에서 죽어야 하는 형벌이었다. 하지만 그 위에서도 자신을 처형하는 이들을 용서하였다. 진기한 능력을 보일 때는 따라다니다가 궁지에 몰리자 저버렸던 나를, 그처럼 잡혀갈까 두려워 그를 모른다고 했던 나를, 나의 이익을 위해 그의 것을 빼앗고자 했던 나를 용서한다. 그렇게 예수님은 십자가에서 죽으셨다.

상처투성이로 십자가 위에서 서서히 자신의 죽음을 바라보게 만들었던 그 잔인함에 또 다시 창을 겨누는 사람들이 있다. 2천 년 전, 예수는 십자가 위에 달려 죽었기 때문에 그것은 십자가의 실패란다. 실패한 예수가 다시 올 것이라고 약속했는데 그 사람이 자신이란다. 그렇게 우리

나라에는 자칭 예수만 20명이 넘게 있다. 십자가의 나무는 죽은 나무도, 죽음의 나무도 아니었다. 생명의 나무였다. 그 너머를 바라보아야 한다. 십자가는 언제나 그 너머로 우리를 초대한다. 죽음을 가져온, 죽어있는 나무 같아 보이지만 거기에서는 생명이 돋아난다. 부활하셨기 때문이다. 죽음을 이기고 생명으로 다시 살아나신 예수 그리스도의 부활. 이것이 우리 신앙의 정수이다. 20명이 넘는 자칭 재림 예수는 부활을 모른다. 죽음이 생명이 되고 어둠이 빛이 되는 것을 알지 못한다.

사랑의 시작은 같은 모습이 되는 것이었다. 다른 모습이라면 공감하지 못할까 염려해서 그는 인간과 똑같은 모습을 지니고 오셨다. 그는 철저한 인간이었기 때문에 우리 모두가 도달할 그 순간에 이르러야 했다. 죽음이었다. 그 순간에도 그는 우리를 사랑했다. 우리의 잘못을 용서하시며, 완전한 사랑을 드러내시며 죽으셨다. 하지만 실패하지 않았다. 우리가 죽음으로 슬퍼할까봐, 한계로 주저 앉을까봐, 어둠에 가려져 있을까봐 우리와 똑같은 인간이었던 그분은 다시 살아나셨다. 부활로써 당신은 하느님이심을 드러내 보여주셨다. 그리고 우리에게 희망을 주셨다. 우리도 당신과 같이 부활하리라 믿으라고 우리에게 먼저 부활을 보여주셨다.

십자가의 사랑은 어리석음으로 끝나버리는 것이 아니었음이 드러났다. 십자가의 사랑은 십자가 너머에 부활의 생명이 있기에 가능했다. 도저히 우리의 생각으로는 이해할 수 없는 사랑, 이해할 수 없는 생명을 2천 년 전의 사람들은 보고 믿었다. 그리고 우리도 그리 될 것임을 희망하며 살아간다.

십자가는 실패를 알리지 않았다. 십자가는 구원의 승리를 알려 주었다. 그 위에서 영원한 생명을 드러내 보이셨다. 내어주는 사랑의 죽음이 생명을 낳았다. 그리고 우리를 죽음의 어둠에서 생명의 빛으로 초대하셨다. 그분은 단 한 분, 승리를 가져온 유일한 구원자 예수 그리스도이시다. 우리에게 희망을 주시는, 우리가 희망하는 생명과 부활의 예수 그리스도이시다.

03 더 읽어보기

『간추린 가톨릭 교회 교리서』
사람이 되신 성자께 대한 우리의 믿음은 무엇입니까?
하느님의 영원한 말씀이신 성자께서 우리 인간을 위하여 사람이 되셨으며, 그분께서는 참 하느님이시며 참 사람으로서 하느님과 사람 사이의 유일한 중개자이심을 우리는 고백합니다(62쪽).

강생의 이유
"병든 우리의 본성은 치유를 받아야만 했습니다. 타락한 인간은 다시 일어서야 했고, 죽은 인간은 다시 살아나야 했습니다. 가지고 있던 좋은 것들을 잃은 사람은 이를 다시 찾아야 했고, 어둠에 갇혀 있던 사람에게는 빛이 비쳐야만 했습니다. 사로잡혔던 우리는 구원자를 기다렸고, 노예였던 우리는 해방자를 기다렸습니다. 이러한 이유들이 과연 하느님께 하찮은 것이었을까요? 인류가 이처럼 불행하고 비참한 상태에 놓여 있었으므로, 하느님께서 인간이 되시기까지 자신을 낮추셔서 우리를 찾아오시게 할 정도로, 이러한 이유들이 하느님을 움직일 만하지 않았겠습니까?" –니사의 성 그레고리오(63-64쪽)

부활하신 몸

사흘날에 부활하셨다는 것은 예수께서 죽음의 부패를 겪지 않으셨다는 뜻이다. 당시 사람들은 나흘째 되는 날부터 시체가 썩기 시작한다고 생각하였다(요한 11,39 참조). 예수께서는 죽은 이들 가운데서 부활하셨다. 예수님의 몸은 죽음의 상태에서 시간과 공간을 초월하는 다른 생명의 세계로 넘어가셨으며, 부활을 통하여 성령의 권능으로 충만하게 되셨다. 예수님의 몸은 그 영광스러운 상태로 하느님의 생명에 참여하신다(87쪽).

부활의 증거

부활은 역사 안에서 이루어진 사건이지만, 부활 그 자체는 역사를 초월하는 '신앙의 신비'에 속한다. 부활의 증인들은 '빈 무덤'과 '부활하신 분의 발현'만을 증거로 제시하는 데 만족하지 않는다. 그들은 주님의 부활과 함께 우리의 부활도 선언하였으며, 자신들의 새 삶 곧 부활의 삶으로 그 증거를 뒷받침하고, 나아가 그 부활을 위해 기꺼이 죽음으로써 영원한 생명으로 나아가는 부활 신앙을 고백하였다(87쪽).

『가톨릭 교회 교리서』

434항 예수님의 부활은 '구원자'이신 하느님의 이름을 영광스럽게 한다.

638항 "우리는 여러분에게 이 기쁜 소식을 전합니다. 우리 선조들에게 하신 약속을, 하느님께서는 예수님을 다시 살리시어 그들의 후손인 우리에게 실현시켜 주셨습니다"(사도 13,32-33). 예수님의 부활은 그리스도에 대한 우리 신앙 진리의 정수이다. 초대 그리스도교 공동체가 이를 중심 진리로 믿고 실천했으며, 성전(聖傳)이 근본 진리로 전승하였고, 신약 성경의 기록으로 확립되어 십자가와 함께 파스카 신비의 핵심 부분으로 가르쳐 온 신앙 진리이다.

640항 "어찌하여 살아 계신 분을 죽은 이들 가운데에서 찾고 있느냐? 그분께서는 여기에 계시지 않는다. 되살아나셨다"(루카 24,5-6). 파스카 사건의 테두리 안에서 발견하는 첫 번째 요소는 바로 빈 무덤이다.

641항 막달라 여자 마리아와 다른 거룩한 여인들이 처음으로 부활하신 분을 만났다.

642항 예수님이 부활하신 다음 일어난 모든 일은, 모든 사도를 — 특히 베드로를 — 부활하신 날 아침에 시작된 새로운 시대의 건설에 참여시킨다. [...] 이러한 "그리스도의 부활의 증인들"은 우선 베드로와 열두 사도였으나, 그들뿐이 아니었다. 바오로는 야고보와 모든 사도 외에도 한 번에 오백 명이 넘는 사람들에게 예수님께서 나타나셨다고 분명히 말하고 있다.

647항 누구도 부활이 물리적으로 어떻게 이루어졌는지를 말할 수는 없었다. 더구나 다른 생명으로 넘어간다고 하는 부활 사건의 핵심은 감각 기관으로 지각할 수 없는 것이다. 빈 무덤이라는 표징과 부활하신 예수님을 사도들이 만났다는 사실로 부활이라는 역사적 사건이 확인되지만, 역사를 초월하고 넘어선다는 면에서 부활은 여전히 신앙의 신비의 핵심에 머물러 있다.

675항 최고의 종교적 사기는 거짓 그리스도, 곧 가짜 메시아의 사기이다. 이로써 인간은 하느님과 육신을 지니고 오신 하느님의 메시아 대신에 자기 자신에게 영광을 돌리는 것이다.

04 우리들의 노력

• 자칭 재림 예수의 주장은 모두 속임수에 불과하므로 현혹되지 않습니다.
• 십자가를 바라보며 십자가 너머의 부활의 영광을 묵상해봅시다.
• 삶 안에서, 죽음을 넘어선 생명의 부활을 깨달으며 살아갑시다.
• 미움의 어둠(죽음)을 넘어선 사랑의 생명(부활)의 삶을 살아갑시다.
• 욕심의 어둠(죽음)을 넘어선 나눔의 생명(부활)의 삶을 살아갑시다.
• 악행의 어둠(죽음)을 끊고 선행의 생명(부활)의 삶을 살아갑시다.

13

성령 - 성령 하느님

01 현상

01-1. "성령 받으셨어요?" 평소 기도와 찬양을 열심히 하는 자매님이 나에게 묻는다. 자매님은 기도 안에서 뜨거움을 많이 경험했다고 한다. 찬양을 하면서도 눈물을 흘릴 때가 많았다고 한다. 그렇게 성령을 받은 체험은 많은 이의 부러움을 사는 깊은 신앙체험으로 전해진다. 그리고 나의 부족한 신앙심이 부끄러워진다. 성당을 그렇게 뜨겁게 다니는 것 같지도 않아 보인다. 나는 아직 성령을 받지 못한 것일까? 성령을 체험하지 못한 것일까? 분명, 세례 받을 때, '성부와 성자와 성령의 이름으로 세례를 줍니다'라며 신부님께서 내 머리 위에 물을 부으셨는데! 그리고 견진성사 때에도 '성령 특은의 날인을 받으십시오'라고 말씀하시며 주교님께서 내 이마에 기름을 바르셨는데….

01-2. 누구나 하느님의 축복이 자신에게 내리기를 바란다. 그런데 바

라던 하느님의 축복은 내가 원하는 방식으로 찾아와야 한다. 아플 때 병을 치료해주셔야 하고, 궁금한 내일을 미리 알려주셨으면 좋겠고, 특별한 능력들이 나에게 주어졌으면 좋겠다. 그것은 성령의 은사로 주어진다고 하는데, 나만을 위한 축복이기를 바란다. 오직 축복만을, 오직 나를 위해서 받겠다는 욕심을 가진 채 은사에 집착한다. 성령의 은사는 개인은 물론 공동체의 쇄신으로 이어져야 함에도 불구하고 나의 욕심만을 채우려 한다.

01-3. 내가 아픈 이유와 우리 집에 복이 내리지 않는 이유가 있다고 한다. 조상의 죄가 우리에게 대물림되면서 나쁜 영향을 미친다는 것이다. 그래서 죄의 대물림을 끊어내기 위해서는 특별한 기도 양식이 필요하다고 한다. 천주교에서도 이런 게 있나? 가계 치유는 신부님이 잘못된 것이라고 하셨는데! 세례를 통해서 나의 모든 죄는 씻어졌고, 이후에 짓는 죄들은 참회의 고해성사를 통해서 용서받을 수 있는 게 아닌가?

02 성령- 성령 하느님

마법사가 지팡이를 하늘로 치켜든다. 주문을 외우니 하늘에서는 신령한 기운이 지팡이를 향해 쏠리게 되고, 화면 속에서 그것은 지팡이를 향해 내려오는 빛처럼 그려진다. 이제 마법사가 지팡이를 휘두른다. 지팡이에 모아진 기운은 땅에 있던 물체들에 전해져 하늘로 떠오르는 공중 부양을 일으키기도 하고, 또 지팡이의 기운을 받은 누군가는 신령한 능력을 지니게 된다.

마법사의 스토리는 어린이들을 위한 만화 영화에서 자주 등장하는 주제였다. 이제 그 스토리는 더욱 다양화되고 인간의 상상의 폭은 넓어져, 어린이뿐만 아니라 어른들에게까지도 판타지라는 장르로 많은 인기를 끌고 있다. 어린이와 어른 할 것 없이 가지고 있는 동심의 상상, 곧 인간이 이룰 수 없는 상상의 세계를 그려놓은 판타지 영화를 과도한 진지함으로 분석하고 싶은 마음은 없다. 하지만 기이한 불꽃을 뿜어내는 지팡이를 가진 영화 속 마법사가 되려는 사람들, 어린이의 동심이 아닌 은밀한 의도를 품고 있는 어른들이 우리 주변에 존재한다. 영화를 영화로 순수하게 받아들이기 힘든 것은 그들과 그들이 유혹하는 이들을 향한 우려 때문일 것이다.

성부, 성자, 성령의 삼위일체 하느님 가운데 제3위격인 성령(聖靈)은 인간의 이성적인 사고로는 명확히 이해하기 어려운 하느님이시다. 물론 하느님을 인간의 생각과 언어로 모두 담아내고자 한다면 그 또한 인간의 교만일 것이다. 하지만 성령 하느님께서는 세상이 창조되던 그때에도 성부 하느님과 함께 하시면서 사람들에게 당신을 알려주셨다. 또한 사람들이 그토록 기다려왔던 구세주 예수 그리스도를 만날 수 있도록 사람들에게 예수님을 밝혀 드러내 보이셨다. 그렇게 성령 하느님은 성부 하느님과 성자 하느님과 함께 지난 역사 안에서 함께 계셨다. 그리고 우리가 예수님을 따라 살아갈 수 있도록, 예수님의 몸과 피를 모시며 그분 안에 숨 쉬고 살아갈 수 있도록 지금도 우리를 이끌고 계신다. 우리가 세상의 유혹에 넘어져 당신의 길을 찾지 못할까봐 항상 우리 옆에서 사랑의 손을 내밀고 계시는 구원 자체이신 분이다.

인간은 거룩한(聖) 영(靈)의 하느님 존재를 표현하기 어려워했다. 그래서 숨결, 공기, 바람으로, 물과 불로, 구름과 빛으로, 그리고 비둘기로 성령의 활동을 체험해왔고 표현해왔다. '상징'으로 표현한 것이다. 하느님 앞에 미소(微小)한 자신의 능력을 깨달으며, 조금이라도 더 하느님의 사랑을 표현하고자 해왔다. 그런데 누군가는 성령이 마법사의 지팡이에서 나오는 기이한 불꽃이라고, 그것은 상징이 아닌 실재하는 것이라고 주장한다. 기이한 불꽃이 능력을 가져오는 것처럼 그리며, '상징'이라는 뜻을 이해하지 못한 채 지팡이의 마법이 곧 성령이라고 주장한다.

저마다의 유사종교 이단 분파에는 교주라고 불리는 '자칭 신(神)'이 존재한다. 그들은 어떻게 신이 되었을까? 아니, 정확히 말해, 어떻게 신이 되었다고 짜 맞출까? 그들의 이야기를 들여다보면 지팡이의 마법에서 발휘되는 성령이 그들을 하느님으로 만들어준다는 것이다.

그들이 성령 하느님을 깨닫는 것은 역부족이다. '상징'이라는 것도 이해하기 복잡하다. 그러나 우리 민족 안에 자리한 정령(精靈)이나 토착 신령, 혹은 귀신과 같은 무속신앙(巫俗信仰)은 왠지 성령과 비슷한 개념과 같이 보인다. 그래서 그들은 성령을 '떠돌이 영'으로 취급한다. 성령은 하느님이 아니라 하느님을 만드는 존재에 불과하다는 것이다. 떠돌이 영은 한 사람을 하느님으로 만들 수 있단다. 마치 마법사가 열심히 마법의 주문을 외우면 불꽃의 신기한 기운이 마법사의 지팡이에 내리듯이, 떠돌이 영은 한 사람의 육체에 내려 그를 하느님으로 만든다고 한다. 그렇게 영을 받았던 이가 2천 년 전에는 예수였고, 예수의 십자가의 죽음으로 빠져나간 영은 지금 이 시대에 자신들의 교주에게 내렸다는 것이다. 그들의 주장이 착실히 실현된 결과, 우리나라에는 하느님이 50명이나 만들어져 버렸다.

창조 때 사람의 코에 하느님께서 불어 넣어주셨던 숨과 세상을 창조한 말씀. 말씀이 사람이 되시어 우리 가운데 사시기 위해 마리아를 통해 예수님을 잉태하신 성령. 오순절 날 예수 그리스도께서 수난과 부활을 통해 영원한 생명으로 드러나는 사랑의 신비를 완성하신 성령. 그리고 지금도 교회 안에서 하느님과 친교를 이루기 위해 우리를 묶어주는 사랑의 끈으로, 그리고 교회의 거룩한 일(聖事)로서 예수 그리스도의 몸과 피를 이루어 함께 하시는 그분을, 우리는 성령 하느님이라 믿어 고백한다.

성령은 누군가의 육체가 하느님이 되도록 만들어주는 수단의 떠돌이 영이 아니라, 어제도 오늘도 내일도 영원히 우리와 함께 하시는 하느님이시다.

03 더 읽어보기

『간추린 가톨릭 교회 교리서』

성령을 믿나이다

성령(聖靈)은 '거룩한 영'이라는 뜻이다. 우리말로 '얼'이라 할 수 있는 '영'(히브리말로 '루아')은 본래 숨, 숨결, 바람을 가리키는 말이다. 하느님께서는 물론 "영이시고 거룩하신 분"이시다. 그러나 '성령'은 삼위일체 하느님의 제3위를 가리키는 고유한 이름이다.

성령의 여러 호칭들은 성령께서 어떤 분이신지 잘 알려 준다. 예수께서는 당신이 보내시기로 약속하신 성령을 파라클리토라고 부르신다(요한 14,16.26; 15,26; 16,7). 이는 글자 그대로 '곁으로 불려온 분'(Advocatus)', 곧 변호자라는 뜻인데, 공동 번역 성서는 '협조자'라고 번역하였다. 성령을 '위로자'라고도 하는데 이는 파라클리토가 파라클레시스(위로)라는 말에서 나온 것으로 보기 때문이다. 예수께서는 또한 "진리의 성령"이라고 부르기도 하셨다(요한 14,17; 15,26; 16,13). 바오로 사도는 성령을 "약속된 성령"(갈라 3,14), "하느님의 자녀가 되게하시는 성령"(로마 8,15), "친교를 이루시는 성령"(2코린 13,13)이라고 부른다.

성령께서는 자신을 계시하지 않으시고 오로지 그리스도만을 드러내신다(93-94쪽).

성령께서는 누구십니까?

성령께서는 성부와 성자 이후에 완전히 계시되신 삼위일체 하느님의 제3위이십니다. 그렇지만 성령께서는 이미 창조 때에, "때가 찰 때"까지 구원 경륜 안에서, 특히 그리스도를 준비하는 동안 줄곧 활동하셨습니다. 그리고 때가 차 사람이 되어 오신 그리스도 안에서 공동으로 구원 사명을 수행하셨으며, 마침내 성령 강림으로 교회의 시대를 열고 믿는 이들 안에서 구원 역사를 이끄십니다(96쪽).

성령께서는 어떻게 우리를 그리스도께 인도해 주십니까?

성령께서는 그리스도를 만날 수 있도록 사람들을 준비시키시며, 사람들에게 그리스도를 상기시키고 드러내 보이시며, 그리스도의 신비를 사람들 안에 현존하게 하고 실현시키시며, 사람들을 그리스도와 결합시키십니다(96쪽).

『가톨릭 교회 교리서』

686항 성령께서는 우리를 위한 구원 계획의 처음부터 끝까지 성부와 성자와 함께 일하신다.

727항 때가 찼을 때 이루어질 성자와 성령의 사명 전체는, 성자께서 당신의 강생 때부터 성부의 성령으로 기름부음을 받으셨다는 사실에 담겨 있다. 예수님은 바로 그리스도, 곧 메시아이시다.

730항 마침내 예수님의 때가 왔다. 예수님께서는 당신 죽음으로 죽음을 이기는 그 순간에 당신의 영을 성부의 손에 맡기신다. 이리하여 "아버지의 영광을 통하여 죽은 이들 가운데에서 되살아나신"(로마 6,4) 예수님께서는 곧바로 제자들에게 "숨을 불어넣으며" 성령을 주신다. 이 '때' 부터 그리스도와 성령의 사명은 교회의 사명이 된다. "아버지께서 나를 보내신 것처럼 나도 너희를 보낸다"(요한 20,21).

731항 오순절 날(부활 제7주간이 끝나는 날) 성령을 부어 주심으로써 그리스도의 파스카가 완성된다. 성령께서는 하느님 위격으로 나타나고, 주어지며, 전해진다. 주님이신 그리스도께서는 당신의 충만함에서 성령을 풍성하게 부어 주신다.

732항 이날 지극히 거룩한 삼위일체가 완전하게 계시되었다. 이때부터 그리스도께서 선포하신 하느님의 나라가 그분을 믿는 사람들에게 열렸다. 그들은 비천한 육신을 지녔지만 신앙 안에서 이미 삼위일체의 친교에 참여하게 된다. 성령께서는 끊임없는 당신의 오심을 통하여 세상을 '마지막 때'로, 교회의 때로, 이미 물려받았지만 아직 완성되지 않은 나라로 진입하게 하신다.

04 우리들의 노력

- 성부와 성자와 성령의 하느님을 믿어 고백하는 삼위일체의 신앙을 기억합니다.
- 성령 하느님께로부터 신비한 기운을 받는 체험에만 집착하지 않습니다.
- 성령 하느님을 축복을 가져다주는 수단으로 여기며 기도하지 않습니다.
- 신앙의 열성에 따라 성령이 주어지는 것이 아님을 기억합니다. 누군가가 성령을 받은 영험한 사람이라는 말에 현혹되지 말아야 합니다.
- 가계 치유를 주장하는 사람이나 그것을 따르는 이들을 본당 신부님께 알립니다.
- '보혜사'라는 단어를 사용하며 성령을 주장하는 집단은 유사종교의 성격을 강하게 갖는다는 것을 기억합니다.

14

삼위일체 - 성부와 성자와 성령의 이름으로 아멘.

01 현상

 '서양의 스승', '위대한 교부이자 교회 학자', '은총의 박사'라 불리는 아우구스티누스 성인이 남긴 유명한 일화가 있다. 명석함으로는 누구도 따라가기 어려웠던 그는 그토록 삼위일체 신비를 이해하고 싶었다. 하지만 아무리 생각하고 고민해 봐도 삼위일체 하느님의 신비는 자신의 머리로 명료하게 이해되지 않아 답답했다. 답답함을 안고 해변가를 산책하던 어느 날, 성인은 조가비로 모래를 파는 한 아이를 발견하고 그에게 무엇을 하고 있는지 물으니, 아이는 모래를 파 구덩이를 만들어 바닷물을 구덩이로 옮기려고 한다고 대답했다. 한 아이의 어리석은 장난을 보고 아우구스티누스 성인은 저 넓은 바다의 물을 아이가 파고 있는 모래 구덩이로 전부 옮길 수는 없음을 지적했다. 하지만 아이의 이 행동은 오히려 아우구스티누스의 어리석음을 일깨워 주었다. 바닷물을 모래 구덩이로 옮기려는 아이의 어리석음만큼이나 바다보다 넓고 깊은 하느님의 신비인 삼위일체를 머릿속으로 옮겨놓으려는 아우구스티누스의 모습을 아이는 지적했던 것이다. 그렇게 하느님의 신비 앞에 인간의 어리석음을 일깨워 주고 홀연히 사라진 천사와 같은 아이가 있었다는 일화이다.

하느님의 신비를 이해하고자 했던 아우구스티누스 성인의 노력은 비록 어리석음이었을지라도, 그것은 하느님을 깨닫고자 하는 열망이었다. 그런데 그가 깨달은 것처럼 삼위일체 하느님의 신비는 인간의 이성으로는 완전히 이해할 수 없기에, 그 의미를 오역하는 이들이 존재한다. 먼저, 성부와 성자와 성령이 단지 하느님을 드러내는 양상이라고 말하는 이들이 있다. 유일한 하느님은 아버지의 옷을 입고 창조 때 나타나시고, 예수의 옷을 입고 나타나셨으며, 영의 옷을 입고 나타나신다는 주장이다. 이는 이단이다(양태론, 樣態論). 이에 반대하여 삼위의 구분을 강조한다고 성부, 성자, 성령이라는 세 신이 있다고 주장하는 이들도 있다. 이 또한 이단이다(삼신론, 三神論). 또한 성부가 가장 높은 하느님이고 성자와 성령은 그보다 못한 하느님이라고 주장하는 이들이 있다. 이것도 역시 이단이다(종속론, 從屬論).

지금까지도 창의적으로 만들어 낼 수 없는 하느님의 이야기를 창의적으로 만들고자 자신들만의 이야기로 꾸며내는 이들이 있다. 이단이다. 그들 논리의 주인공은 자신이며, 이는 곧 자신이 하느님이라고 주장하기 위한 비논리일 뿐이다.

02 삼위일체 - 성부와 성자와 성령의 이름으로 아멘.

'분리(分離), 분단(分段), 분열(分裂)'. 나눌 분(分)자에 들어 있는 여덟 팔(八)자는 둘로 나누어져 있는 모습으로, 원래 '나누다'는 뜻을 가지고 있었다고 한다. 하지만 나중에 가차되어 여덟이란 뜻이 생기면서, 원래의 뜻을 분명히 하기 위해 칼 도(刀)자가 추가되어 지금의 나눌 분(分)자가 되었다고 한다. 그래서 분리, 분단, 분열이라는 말이 그리도 날카롭게 들렸나 보다. 전체에서 부분이 칼에 베여 잘려 나가는 분리, 분열, 분단의 모습을 보는 것은, 없어져야 할 것과 남아야 할 것을 가르는 것처럼 느껴지기에 그리 불편했나보다.

함께 하며 마주 보던 것이 등을 돌려 떠나버리는 분리. 사물을 여러 단계로 나눈다는 말임에도, 우리에게는 한반도의 땅의 두 나라를 떠올리게 하는 아픈 단어인 분단. 공동체의 평화를 빼앗고 하나를 둘로 찢어 나누는 세력이 일으키는 분열. 이렇게 세상의 것에도 나눌 분(分)의 칼날은 아프고 불편하게 느껴질 진데, 그 칼날을 하느님에게 들이대는 사람들이 있다.

우리는 성부, 성자, 성령 하느님은 한 분이시며 세 위격(位格)을 지니신다고 고백한다. 삼위일체(三位一體)에 대한 고백이다. 즉 성부, 성자, 성령의 삼위의 하느님은 본질이 같은 한 분의 하느님이시다. 따라서 어떤 물건의 쓸 수 있는 부분과 쓰지 못할 부분을 잘라내듯이, 한 분이신 그분께 분리(分)의 칼(刀)을 들이대 하느님의 기능을 잃어버린 부분과 새로운 하느님의 부분을 나눌 수는 없다. 하느님이시기에 그 신비를 인간의 머리로는 모두 깨닫기 어렵지만, 우리는 매일같이 하루를 시작하며 머리, 가슴, 양 어깨에 십자가를 그으며 성부와 성자와 성령은 한 분이심을 고백한다. 하지만 어떤 이들은 그 신비의 깊이 앞에 오만함을 드러내며, 자신이 하느님이 되기 위해 하느님을 위와 같이 나눠버린다.

삼위일체는 받아들이지도 않을뿐더러 성부, 성자, 성령을 시대를 나타내는 주인공의 이름으로 치부해버린다. 어떤 시대는 성부 하느님만 존재하고 성자, 성령 하느님은 존재하지 않았다 하고, 성부 하느님이 기능을 잃었을 때는 그 부분을 잘라내고 성자 하느님만이 존재하는 시대도 있었다고 주장한다. 또한 성자 하느님이 기능을 잃어 그 부분을 잘라내고 남은 부분의 성령 하느님만 존재하는 시대가 바로 지금이라고 주장한다. 그리하여 성부의 시대가 있었고, 성자의 시대가 있었으며 지금은 성령의 시대로서, 지금 시대에 하느님을 찾기 위해서는 성령을 찾아야 하며 성령이 자신에게 내렸기 때문에 자신이 하느님이라는 것이다.

삼위의 하느님께서는 단 한 번도 분리된 적 없으며 언제나 같은 한 분의 하느님이시다. 어떤 시대에는 성부 하느님만 존재한 것도, 어떤 시대에는 성부 하느님이 사라지고 성자 하느님이 등장한 것도 아니며, 성령 하느님만 존재하는 시대도 없다. 세 위격의 하느님은 모두 같은 하느님이시고, 한 번도 분리된 적이 없었고, 함께 계시지 않았던 적이 없었다. 단지 완전히 드러나지 않아 숨겨진 모습이었지만, 세상이 만들어질 그때부터 아버지 하느님(성부)의 창조는 하느님의 말씀(성자)과 하느님의 영(성령)의 두 손으로 이루어졌다. 그리고 성자 예수님의 세례 때에도 비둘기의 모습으로(성령), 하늘에서 들려오는 사랑의 목소리, "너는 내가 사랑하는 아들, 내 마음에 드는 아들이다"(루카 3,22)(성부)로 함께 하셨다. 그리고 성령 강림의 날 지극히 거룩한 삼위일체는 완전하게 드러났다.

한 분이신 하느님을 마음대로 분리해버리고, 삼위의 위격을 하느님의 기능쯤으로 치부해버린 이들의 주장 또한 인간의 오만에 불과한데, 하느님을 두고 시대를 이야기하는 것 또한 다분히 인간적이며 하느님의 이야기를 한다고 말할 수 없다. '고대 시대, 중세 시대, 근대 시대, 현대 시대'를 말할 때의 '시대'나 '사이버 시대, LTE 시대'를 말할 때의 '시대'는 지나가는 기간이다. 새 시대가 오면 옛 시대는 사라지고 만다. 하지만 하느님은 영원하다. 하느님은 시간을 만드신 분이시고, 시간을 주관하시는 분이시며, 시간을 넘어서는(초월, 超越) 분이시다. 그런 하느님에게 시대라는 이름을 붙여, 삼위의 위격은 일정 기간 계셨다가 지금은 계시지 않는 기능쯤으로 취급해버리는 이들은, 구덩이를 파 바닷물을 부어 놓고 바다를 옮겼다고 말하는 이들과 같다. 하느님께서는 영원으로부터 계셨고 영원하신 분이시다. 영원히 우리와 함께 하실 한분이시며 삼위이신 하느님께 우리는 '성부와 성자와 성령의 이름으로 아멘'이라는 신앙 고백으로 찬미와 영광을 드린다.

03 더 읽어보기

『니케아-콘스탄티노폴리스 신경』
한 분이신 하느님을
저는 믿나이다.

전능하신 아버지,

하늘과 땅과 유형무형한 만물의 창조주를 믿나이다.

또한 한 분이신 주 예수 그리스도, 하느님의 외아들

영원으로부터 성부에게서 나신 분을 믿나이다.

하느님에게서 나신 하느님, 빛에서 나신 빛

참 하느님에게서 나신 참 하느님으로서,

창조되지 않고 나시어

성부와 한 본체로서 만물을 창조하셨음을 믿나이다.

성자께서는 저희 인간을 위하여, 저희 구원을 위하여

하늘에서 내려오셨음을 믿나이다.

또한 성령으로 인하여 동정 마리아에게서 육신을 취하시어

사람이 되셨음을 믿나이다.

본시오 빌라도 통치 아래서 저희를 위하여

십자가에 못박혀 수난하고 묻히셨으며

성서 말씀대로 사흘날에 부활하시어

하늘에 올라 성부 오른편에 앉아계심을 믿나이다.

그분께서는 산 이와 죽은 이를 심판하러

영광 속에 다시 오시리니

그분의 나라는 끝이 없으리이다.

또한 주님이시며 생명을 주시는 성령을 믿나이다.

성령께서는 성부와 성자에게서 발하시고 성부와

성자와 더불어 영광과 흠숭을 받으시며

예언자들을 통하여 말씀하셨나이다.

하나이고 거룩하고 보편되며
사도로부터 이어오는 교회를 믿나이다.
죄를 씻는 유일한 세례를 믿으며
죽은 이들의 부활과 내세의 삶을 기다리나이다.
아멘.

『가톨릭 교회 교리서』

684항 성령께서는 당신의 은총으로 우리 신앙을 불러일으키는 데 첫째이시며, 또한 새로운 생명의 전달에서도 첫째이시다. 그 생명은 "하느님 아버지를 알고 아버지께서 보내신 예수 그리스도를 아는 것"이다. 반면에 거룩한 삼위의 위격들에 대한 계시에서는 마지막이시다. '신학자'인 나지안조의 그레고리오 성인은 이러한 과정을 '자상한' 하느님의 교육법을 통해 설명한다.

"구약 성경은 성부를 명확하게 선포하고 성자는 모호하게 선포했습니다. 신약 성경은 성자를 분명하게 드러내고 성령의 신성을 엿볼 수 있게 했습니다. 이제 성령께서는 우리 가운데에 사시며 우리가 당신 자신을 더욱 분명히 볼 수 있게 하십니다. 실제로 성부의 신성이 아직 고백되지 않고 있었을 때, 성자를 공공연히 선포하는 것은 현명하지 못한 일이었고, 성자의 신성이 아직 받아들여지지 않고 있을 때 성급한 표현을 빌려 성령을 마치 가외의 짐처럼 덧붙이는 것도 현명하지 못한 일이었습니다. 삼위일체의 빛은 '영광에서 영광으로' 나아가는 진보와 발전을 통하여 더욱 찬란히 빛날 것입니다."

702항 태초부터 "때가 찼을 때"까지 아버지의 '말씀'과 '영'의 공동 사명은 숨겨진 상태로 계속 활동하고 있었다. 하느님의 '영'은 그동안 메시아의 때를 준비하고 계셨으며, 두 분 다 아직 완전히 계시되지는 않으셨지만, 그분들을 기다리고, 나타나시면 영접하도록 약속되어 있었다. 이 때문에 교회는 구약 성경을 읽을 때 "예언자들을 통하여 말씀하신" 성령께서 그리스도에 대해 우리에게 말씀하시고자 하는 것을 찾는 것이다.

703항 하느님의 '말씀'과 그분의 '숨결'은 모든 피조물의 존재와 생명의 기원이다. 성령께서는 성부와 성자와 한 본체이신 하느님이시기 때문에, 그분께서 만물을 다스리고 거룩하게 하시고 만물에 생명을 불어넣으시는 것은 당연한 일이다.……성령께서 하느님으로서 성부 안에서 성자를 통해 만물을 유지하시기 때문에, 생명에 대한 권한은 당연히 그분께 속한다.

704항 "사람은 하느님께서 당신의 손(곧 성자와 성령)으로 만드셨다.……그리고 그의 육신에 당신의 모습을 그려 넣으셔서, 눈에 보이는 것까지도 하느님의 형상을 지니게 하셨다."

04 우리들의 노력

• 잠자리에서 일어나 제일 먼저 성호를 그으며 성부와 성자와 성령의 하느님

을 고백하며 하루를 시작합니다.

- 삼위일체 신비가 잘 드러나 있는 니케아–콘스탄티노플 신경을 외워봅니다.

- 교리가 어렵다고 생각될 때, 하느님의 신비 앞에 인간의 겸손을 기억합니다.

- 시대를 성부–성자–성령의 시대로 나누어 지금이 성령의 시대라 주장하는 것은 옳지 못한 주장임을 기억합니다.

15

종말 I – 파멸이 아닌 희망

01 현상

　세계에 곧 전쟁이 닥쳐 인류의 3분의 2가 멸망할 것이라고 주장하는 사람이 있다. 제3차 세계대전이 발발할 것이라고 사람들에게 퍼뜨린다. 전쟁의 공포는 아직 휴전 상태에 있는 한반도의 아픔이며, 아직도 이념의 차이로 인해 서로 총을 겨누고 있는 중동의 아픔이다. 그 아픔은 확대되고 과장된다. 어떤 이들은 그 두려움을 이용해서 세계가 곧 멸망하리라고 선동한다.

　종말물(終末物)이라는 영화 장르의 단골 주제는 대규모 자연재해와 대규모 전염병이다. 핵으로 멸망하게 될 인류를 그리거나 지구를 향해 돌진해오는 물체와 충돌하게 되는 상황의 긴박함을 그린다. 지구 밖의 인류를 향한 무차별적인 공격, 혹은 이상 기후로 빙하기가 닥쳐오거나, 지구의 온난화로 인하 빙하가 녹으며 생기는 재앙을 그린다. 역병이나 바이러스의 감염으로 생물체의 변형이 일어난 좀비는 사람들을 죽음에 빠뜨린다.

멸망의 예언가들도 많이 있다. 2000년이 되면 지구가 멸망하리라는 예언은 많은 사람들이 기억하고 있다. 2012년 지구가 소행성과 충돌하여 멸망하리라는 예언, 테러와 전쟁은 멸망을 알리는 메시지라고 주장하는 사람, 하느님께서 자신에게 나타나서 종말의 경고를 하셨기 때문에 살아남기 위해서는 하느님이 누군가를 선택하여 그에게 시킨 일을 따라 실행해야 한다는 등 그들의 예언은 무수히 많아, 무엇이 이루어지지 않았는지 정리할 의미조차 느낄 수 없게 한다.

'종말의 날이 닥쳐온다', '종말의 파멸에 살아남을 수 있는 방법이 있다', '종말의 날, 파멸에서 구해줄 구원자가 자신의 집단에 있다', '종말의 날, 이 집단에 있으면 파멸되지 않고 구원받을 것이다', '곧 닥쳐올 지구 종말의 날에 이 집단에 있으면 살아남을 것이고, 이 집단에 있는 사람의 덕으로 자신의 가족까지 살아남을 수 있을 것이다.' 유사종교 이단 분파들이 내세우는 단골 주제이다.

02 종말- 파멸 아닌 희망

"종말을 공부했고 신학생들에게 종말에 대해서 가르칩니다"라고 소개하면 따라오는 반응이 있다. 첫 번째는 "종말은 언제 오나요?"라는 질문이다. 종말을 공부하면 다가올 종말의 날을 점칠 수 있거나, 점쳐지는 날들을 알아낼 수 있을 것이라는 생각 때문인지 종말의 날을 묻는다. 그 다음은 "왜 그렇게 무서운 것을 공부했어요?"라는 식의 반응이다. 하늘에서 땅으로 불구덩이가 쏟아져 파멸에 이르는 세상, 대재앙이 찾아와 멸망에 이를 인류, 전쟁이 일어나 무수한 사람들이 맞이할 죽음. 대부분의 사람들에게 종말하면 떠오르는 것들이다. 그래서 종말은 무섭고, 종말을 공부한다는 것은 그 무서운 파멸에 대해 연구하는 것이며, 그렇기에 그것을 왜 학생들에게 가르쳐야 하는지 의아하게 생각하는 경우도 많다.

결론부터 말하자면, 종말은 두려움의 대상이 아니다. 그리스도교 종말 신앙은 두려움에 대해서 말하지 않는다. 오히려, 그리스도교 종말 신앙은 '희망'에 대해서 이야기한다. 우리가 바라는 것, 그 희망의 중심에는 예수 그리스도가 있다.

구약의 이스라엘 백성들은 다가올 메시아를 고대했다. 하느님의 음성을 예언자들을 통해 전해 들어왔지만, 자신들을 직접 구원으로 이끌 메시아가 도래하리라는 희망을 품고 살아왔다. 그리고 메시아는 도래했다. 감히 상상치 못할 모습으로 말이다. 하느님이 인간의 모습과 같아지리라는 것은 차마 상상하지 못했다. 하지만 하느님은 인간과 같아져야 했던 이유를 분명하게 드러내 보이셨다. 하느님이 보이지 않아 헤매던 이들에게 당신을 보여주셨다. 길을 헤매던 자녀들을 보고 마음이 아파 당신께서 직접 눈앞에 서셨다. 음성이 아닌 인간의 모습으로 직접 찾아오셨다. 그분은 인간이셨기 때문에 인간과 똑같은 시간을 맞이하셔야 했다. 그것은 죽음이었다. 당신 친구 라자로의 죽음을 바라보며 느꼈던 슬픔을, 당신을 메시아로 믿어왔던 이들에게도 주어야 했다. 하지만 그 슬픔은 절망으로 파묻히지 않고 희망으로 되살아났다. 부활하셨고, 우리도 그분과 같이 죽음을 이기고 부활하리라는 희망을 주셨다.

예수님은 그것을 알려주고 싶으셨나 보다. 하지만 인간은 그 마음을 모두 헤아릴 수 없었다. 당신을 메시아로 믿고 따르던 제자들이 당신의 죽음을 보고 두려워 숨고, 메시아의 약한 모습에 허무해 할 때, 그들과 영원히 함께 하실 것이라 하셨던 예수님의 약속을 제자들은 금방 잊어버렸다. 절망하며 고향 엠마오로 돌아가던 제자들과 함께 걸으셨지만, 그들 또한 부활한 예수님을 알아보지 못했다. 하지만 예수님은 그런 제자들의 인간적인 마음에 굴하지 않고 오히려 불을 놓으셨다. 부활한 그분을 만나고 타오르는 마음을 지닌 사람들을 온 세상으로 파견하셨다. 그분의 희망으로 마음 끓는 우리들까지 말이다.

부활하신 예수님께서는 지금도 우리와 함께 걸으며 우리의 가슴이 타오르게 하신다. 형제들의 모습 속에 숨어 계시며 우리와 함께 하신다. 우리의 하루하루 안에서, 사랑하시고 위로하시며, 기쁨을 가져다주시는 분으로 함께 하신다. 그리고 당신의 모습이 감추어져 있어 우리가 알아보지 못할까봐 우리에게 직접 찾아오신다. 살아있는 당신의 몸을 우리에게 내어주시고 우리는 성체로 그 몸을 받아 모신다. 그렇게 그분을 만나고 그분을 우리 안에 모시고 그분과 함께 살고자 세상을 향해서 성당 밖 문을 나선다. 그렇게 세상 속에서도 우리는 하느님과 함께 살아가는 기회를 얻는다.

우리가 그분의 얼굴을 직접 바라볼 그 날까지 우리는 그 완성의 때를 미리 맛보며 살아간다. 하느님 나라에서 이루어질 하느님과의 만남의 완성을 '그리스도교의 종말'이라 하며, 그 완성의 때를 희망하며 지금, 이곳에서도 하느님과의 만남을 앞당겨 살아갈 기회를 얻은 희망을 또한 종말의 희망이라고 한다.

종말을 파멸로 말하고 두려움을 가중시켜 파멸에서 사람들을 구해낼 자가 자신이라는 주장은 한국 유사종교 이단 분파가 내세우는 단골 주제이다. 이를 주장하기 위해 그들은 사람들의 상상 속에 자리 잡은 종말에 대한 두려움과 공포를 조장하고, 종말의 날을 점친다. 하지만 기억해야 한다. 파멸도, 지구의 멸망도, 노스트라다무스의 예언도 우리의 종말 신앙을 이야기하지 않는다. 그리스도교의 종말 신앙은 하느님께서 우리와 함께 하심에 대한 희망이다. 주님께서 지금 우리와 함께 길을 걷고 계시기 때문에 우리는 그 희망을 미리 맛볼 수 있으며, 그날과 그 시간은 언제인지 모르지만, 다가올 날 그분의 얼굴을 직접 마주 볼, 그 설레는 만남에 대한 희망이다. 그리고 그 희망으로 우리는 구원을 받았다(로마 8,24 참조).

03 더 읽어보기

『간추린 가톨릭 교회 교리서』
희망

희망의 덕은 우리의 온갖 소망이 하느님 안에서 온전히 이루어질 것으로 알고 하느님께만 희망을 두게 한다. 하느님의 약속대로 우리는 참행복과 영원한 생명을 누리게 될 것이다. 우리가 겪는 모든 시련과 죽음의 공포까지도 이 희망을 꺾지 못한다. 하느님을 향한 이런 희망은 세상과 사람들에게서 오는 모든 절망을 극복하게 하며, 일생동안 세상과 이웃을 향한 희망을 버리지 않게 한다. 기도는 바로 이 희망에서 나오는 아름다운 행위이다. "희망은 우리를 부끄럽게 하지 않습니다. 우리가 받은 성령을 통하여 하느님의 사랑이 우리 마음에 부어졌기 때문입니다"(로마 5,5)(215쪽).

『가톨릭 교회 교리서』

865항 교회는 근본적으로 그리고 궁극적으로 하나이고 거룩하고 보편되며 사도로부터 이어 온다. 왜냐하면 '하늘 나라' 또는 '하느님 나라'가 이미 교회 안에 존재하고 종말에 완성될 것이기 때문이다. 그리스도 안에서 이미 도래한 이 나라는 종말에 완전하게 드러날 때까지 그리스도와 한 몸을 이룬 사람들 안에 신비하게 성장하고 있다. 그 때에 그분께 속량되어 그분 안에서 "사랑으로 하느님 앞에서 거룩하고 흠 없는" 모든 사람은 하느님의 유일한 백성, "어린양의 아내가 될 신부", "하느님께서 계신 하늘에서 내려오는 하느님의 영광에 싸여 있는 거룩한 도성 예루살렘"으로서 다시 모이게 될 것이다. "그 도성의 성벽에는 열두 초석이 있는데, 그 위에는 어린양의 열두 사도의 이름이 하나씩 적혀 있다"(묵시 21,14).

1042항 종말에는 하느님 나라가 완전하게 도래할 것이다. 최후의 심판 후에 육체와 영혼이 영광스럽게 된 의인들은 그리스도와 함께 영원히 다스릴 것이며 우주 자체도 새롭게 될 것이다.

1048항 "우리는 땅과 인류가 완성되는 때를 모르며, 우주 변혁의 방법도 알지 못한다. 죄로 이지러진 이 세상의 모습은 반드시 사라진다. 그러나 하느님께서 정의가 깃드는 새로운 집과 새로운 땅을 마련하시리라는 가르침을 우리는 받고 있다. 그 행복은 인간의 마음속에서 솟아오르는 평화의 모든 열망을 채우고 또 넘칠 것이다."

1681항 죽음의 그리스도교적 의미는, 우리 희망의 유일한 근거이신 그리스도의 죽음과 부활의 파스카 신비의 빛으로 드러난다. 예수 그리스도 안에서 죽는 그리스도인은 육체를 떠나 주님과 함께 평안히 산다.

1843항 우리는 희망으로써 영원한 생명과 그것을 누릴 자격을 얻기 위한 은총들을 확고한 신뢰로 하느님께 바라고 기대한다.

2090항 하느님께서 당신을 계시하시고 인간을 부르실 때, 인간은 자신의 힘만으로는 그 사랑에 온전히 응답할 수 없다. 인간은 그 사랑에 응답하여 하느님을 사랑할 수 있는 능력과, 사랑의 계명에 따라 행동할 수 있는 능력을 하느님께서 주시기를 바라야 한다. 희망은 하느님의 복과 지복 직관을 확신에 넘쳐 기다리는 것이다. 희망은 또한 하느님의 사랑을 거스르고 벌 받는 것을 두려워하는 마음이기도 하다.

04 우리들의 노력

• 종말은 파멸이 아닌 희망임을 기억합니다.
• 종말과 관련된 영화나 소설은 상상으로 만들어진 픽션임을 기억합니다.

- 종말을 파멸의 두려움으로 주장하는 이들의 말에 귀 기울이지 않습니다.
- 자신이 종말과 파멸의 날에 우리를 구원시켜 줄 존재라고 주장하는 이들은 모두 유사종교 이단 분파입니다.
- 하느님과의 만남을 이루는 기쁨을 갈망합니다.
- 예수님의 몸을 보고 맛보고 만질 수 있는 성체성사를 통해 주님과의 만남을 이어갑니다.
- 우리도 부활하리라는 희망으로 살아가며 죽은 이들의 천상 행복을 위해 기도합니다.

16

종말 II - 하느님 나라

10현상

　1992년 10월 28일을 기억하는 이들이 있을 것이다. '다가올 미래를 대비하라'를 줄인 말인 '다미 선교회' 이장림의 주장이 온 나라를 떠들썩하게 한 날이다. 그의 주장은 이러했다.

　'휴거'(携擧, rapture)가 있으리라는 것이다. 휴거란 성경에 예수가 세상을 심판하기 위해서 재림할 때에 구원받는 사람을 공중으로 들어 올릴 것이라는 내용을 마음대로 해석한 사람들이 만들어낸 단어이다. 이 휴거가 1992년 10월 28일 밤 열두 시에 '다미 선교회' 회당에서 이루어지라고 예언했다.

　사람들은 그날을 위해 살았다. 지금 우리가 하는 일은 아무 의미가 없다며 이장림이 있는 교회에 가야 한다고 가족들을 이끌기도 했다. 급기야 어떤 사람은 가족이 그곳에 나가지 못하게 한다고 음독자살을 하기도 했다. 지상의 시간은 의미가 없기에 모든 재산을 팔거나 재산을 매각해 교회에 바치고 10월 28일까지만 살 수 있는 돈을 들고 기도에만 몰두하는 사람들이 수천 명에 이르렀다. 하늘로 들어 올려지려면 몸이 가벼워야 한다고 낙태한 이들까지 있다는 이야기도 있으니 그 분위기가 심상치 않았음을 느낄 수 있다. 그렇게 그들은 그날 흰 옷을 차려입고 그곳에 모였다. 휴거 신분증을 가슴에 달았다. 하늘로 올라갔을 때, 예수님이 이름을 알아보아야 한단다.

1999년 10월 28일 밤. 다미 선교회 소속 전국 교회의 8천 명이 넘는 신도들이 모여 울부짖으며 그들만의 예배를 올리고 있었다. '설마?' 하고 사람들이 모이고, 취재진들이 모이기도 했지만 '설마'는 '사실'이 되지 않았다. 아무 일도 일어나지 않았다. 그날 자정, 끝내 불발되었던 결말까지 모든 과정은 국내는 물론 외신들에 의해 전 세계로 생중계되었다.

다행히 휴거를 외치던 이들은 크게 실망했지만 우려했던 집단 자살 등의 극단적인 선택을 하지는 않았다. 하지만 이런 일은 또 다시 날짜를 바꾸어, 대상을 바꾸어, 집단을 바꾸어, 방법을 바꾸어 이뤄지고 있다. 속고 나면 황당하고 어처구니없는 일인데도, 아직도 많은 사람들은 1992년 10월 28일 밤 열두 시 다미 선교회의 그곳에 있던 이들처럼 가슴 벅차게 기대한단다.

02 종말 II- 하느님 나라

'왕국 회관'이라는 곳이 우리 주변에서 적잖이 눈에 들어온다. 이 명

칭은 '왕의 나라'를 상징하는데, 그들의 집단이 하느님(그들 용어로는 '여호와')의 왕국이며, 하느님의 증인들이 모인 건물(회관)은 하느님의 나라라고 그들은 손짓한다. 그곳에 들어가면 바랐던 천국이 펼쳐져 있을 것만 같고, 그곳에 들어가 그들 중 한 사람이 되어야만 하느님 왕국에서 구원받을 수 있을 것처럼 사람들을 불러 모은다. 거리마다 가판대를 펴고 '파수대'라는 종이를 들고 "하느님 믿으세요!"라고 말하며, 지나가는 사람 붙잡고 자신들만의 왕국으로 초대하는 그들을 따라가면 정말 장엄하고 빛나는 왕국이 펼쳐져 있을까?

아쉽게도 그곳은 '그들만의 왕국'이다. 그리고 그들만의 왕국을 무수히 많은 이들이 따라 만들었다. 그곳에는 강생하고 부활하여 우리에게 다시 오실 날을 약속하신 예수 그리스도가 존재하지 않는다. 자신들의 그리스도, 곧 떠돌이 영이 자신을 하느님으로 만들었다고 주장하는 교주가 통치하는 왕국이 있을 뿐이다. 그곳의 왕은 우리와 함께 하는 그리스도 왕의 모습과 달라 보인다. 그곳의 왕은 통치만을 앞세운다. 그것은 칼을 든 통치이며, 왕국으로 지어진 회관에 들어오는 이와 들어오지 않는 이를 나누고, 들어오지 않는 이들은 칼로 쳐내는 통치이다. 그 왕에게는 잃었던 둘째 아들을 다시 품에 안으시는 자비로운 아버지(루카 15,11-32)의 모습은 존재하지 않는다. 오직 왕국에 속한 사람과 속하지 않는 사람만을 구분하는 편협함만 드러낼 뿐이다. 게다가 왕국에 들 수 있는 조건도 까다롭다. 처음에는 14만 4천이라는 숫자 안에만 들면 된다고 했다. 그들 왕국의 숫자가 14만 4천 명이 되는 그날, 하늘에서 불구덩이가 떨어지듯 세상은 파멸될 것이며 이 땅 위에 자신들만 살아남을 수 있으리라 했다. 왕의 심판에서 살아남았기 때문이다. 하지만 14만 4천 명이 다 채워진 그날, 아무 일도 일어나지 않았다. 당연한 일이었다. 하지만 그들에게는 당연하지 않았다. 아니, 당연하지 않아야 했다. 그래서 다음 조건을 내놓는다. 지금 모인 14만 4천 명은 충실한 14만 4천 명이 아니라는 것이다. 더 노력해야 하고, 그 노력은 자신들의 왕국으로 사람들을 더 불러 모으는 것이라고 왕은 다그친다. 왕이 휘두르는 칼에 잘려 나갈까봐 사람들은 거리로 나선다. 죽지 않고 영원히 이 땅 위에 살 수 있다는 말에 속아 거리로 나간다. 시한부로 예정된 종말의 시간이 가까워 오는 것이 두렵기 때문이다.

예수님께서는 우리에게 하느님 나라를 선포하셨다. "하느님의 나라가 가까이 왔다. 회개하고 복음을 믿어라"(마르 1,15). 예수님께서 선포하신 하느님 나라는 2천 년 전, 당신께서 세상에 모습을 드러내시는 강생의 사건으로 그 문이 활짝 열린 나라였다. 그 나라는 한 건물의 회관에만 존재하는 나라가 아니었다. 그분의 말씀을 듣고, 믿고, 따라 나서는 이들에게 이미 와 있는 나라였다. 그리고 지금도 당신의 몸을 내어 주시면서까지 함께 하심을 드러낸 교회라는, 앞당겨진 하느님의 나라를 이루신다. 그리고 그 완성은 그분께서 다시 오실 때 이루어질 것이다. 그래서 우리는 미사 때마다 외친다. "복된 희망을 품고 구세주 예수 그리스도의 재림을 기다리나이다"(영성체 예식 기도문).

완성될 하느님 나라의 초대장은 14만 4천 명에게만 전해지지 않는다. 하느님께서는 당신 모습으로 창조한 모든 이에게 그 초대장을 건네신다. 그분은 설사 그것을 받고도 그것이 하느님께로부터 온 것인지 깨닫지 못해 응답하지 못한 이들을, 심판의 칼로 잘라내 버리실 무자비한 왕이 아니시다. 그분은 온 세상 사람들이 당신을 알아 뵙고 당신께로

오기를 바라고, 기다리며, 끝까지 초대하시는 사랑의 왕이다. 또한 그분께서 이루시는 나라는 작은 건물로 지어진 회관(會館)일 수 없다. 그 나라의 완성은 우리가 상상할 수 없어서 '새 하늘과 새 땅'이라는 말로밖에는 표현할 수 없는, 다시 오실 그리스도께서 완전히 이룩하실 하느님의 나라이다. 그리고 그 나라가 이루어질 때, 왕국 회관과 그곳에 있는 사람들만 살아남게 되지는 않을 것이다.

참된 그리스도교 신앙인은 현재의 삶을 충실히 살아 마지막 날 하느님 앞에 섰을 때, 그분의 자비하심에 의탁할 수 있는 그 때를 기다리는 이들이다. 14만 4천 명에 든 사람은 살리고 다른 이들은 죽음으로 통치하는 왕을 따르는 이들의 기다림은, 결코 하느님 나라의 완성에 대한 기다림일 수 없다. 영원히 살게 해주겠다는 왕을 따라다니며 지상에 왕국이 펼쳐질 것이라 철석같이 믿었던 이들은 안타깝지만, 인간이기에 때가 되어 지상의 숨을 다했다. 그리고 영원히 죽지 않고 지상에서 통치의 권세를 부리겠다고 호언장담하던 왕이라는 이들도 지금은 이 땅에 없다.

하느님 나라에 대한 갈망은, 구세주 예수 그리스도께서 다시 오시는 날까지 이 땅에서 그분의 몸을 받아 모시면서 그분과의 만남을 이루고 그분의 계명을 지키며 살아가다가, 당신 나라에서 이루게 될 완성으로 채워질 것이다. '지상 통치', '천년 왕국', '시한부 종말', '요한 묵시록의 예언', '14만 4천'을 단골 메뉴로 하는 유사종교 이단 분파에 결코 비할 수 없는 것, 그것은 바로 우리가 가진 '종말에 대한 희망'이다.

03 더 읽어보기

『간추린 가톨릭 교회 교리서』

그리로부터 산 이와 죽은 이를 심판하러 오시리라 믿나이다

하늘에 올라 전능하신 천주 성부 오른편에 앉아 계신 예수 그리스도께서는 또한 교회 안에 머물러 계신다. 그리하여 교회가 하느님과 사람, 사람과 사람 사이의 일치를 나타내고 이루어 주는 성사가 되게 하신다. 교회는 지금 '마지막 때'를 살면서(1요한 2,18), 그리스도의 영광스런 재림을 기다리고 있다. 그리고 이 위대한 희망 속에서 우리는 주님께서 예고하신 시련을 겪어 내고 있다. '거짓 그리스도'는 끊임없이 믿는 이들을 위협할 것이다. 특히 역사를 넘어 종말의 심판을 통해서 비로소 완성될 메시아에 대한 희망이 역사 안에서 금방 이루어질 것으로 주장하는 거짓 그리스도를 교회는 언제나 경계하여 왔다. 그러므로 이 모든 거짓과 죄악을 심판하실 그리스도 예수를 간절히 기다린다. "오십시오, 주 예수님!"(묵시 22,20)(89쪽).

『가톨릭 교회 교리서』

671항 그리스도의 나라는 이미 당신의 교회 안에 현존하지만, 아직은 "권능과 큰 영광을 떨치며"(루카 21,27) 오시는 왕의 지상 내림으로 완성된 것은 아니다. 그리스도의 파스카로 악의 세력의 뿌리는 정복되었지만, 그리스도의 나라는 그들의 공격을 받고 있다. 모든 것이 그분에게 굴복할 때까지, "의로움이 깃드는 새 하늘과 새 땅이 이루어질 때까지, 순례하는 교회는 자신의 성사들 안에서 그리고 이 시대에 딸린 제도 안에서 지나갈 이 현세의 모습을 지니고, 아직까지 신음하고 진통을 겪으며 하느님의 자녀들이 나타나기를 기다리는 피조물들 사이에서 살고 있다." 이러한 이유로 그리스도인들은 그리스도의 재림을 재촉하기 위하여 특히 성찬 전례 중에 "오십시오, 주 예수님!"(묵시 22,20) 하고 기도하는 것이다.

676항 거짓 그리스도의 이 사기는, 역사를 넘어 종말의 심판을 통해서만 비로소 완성될 수 있는 메시아에 대한 희망을 역사 안에서 이룬다고 주장할 때마다 이미 이 세상에 그 모습을 드러냅니다. 교회는 장차의 메시아 나라를 왜곡한 이른바 '천년왕국설'과 그 완화된 형태까지도 배격했으며, 특히 "본질적으로 사악한" 세속화된 메시아 신앙의 정치적 형태를 배격했습니다.

1040항 최후의 심판은 그리스도의 영광스러운 재림 때에 이루어질 것이다. 아버지만이 그 시간과 날짜를 알고 계시며, 그분만이 그리스도의 재림에 대하여 결정하신다. 그때 하느님께서는 당신의 아들 예수 그리스도를 통하여 역사 전체에 대한 당신의 결정적인 말씀을 선포하실 것이다. 우리는 창조 업적의 궁극적 의미와 구원 경륜 전체를 이해하게 될 것이며, 모든 것을 그 궁극적 목적으로 이끄시는 당신 섭리의 놀라운 길들을 이해하게 될 것이나. 최후의 심판은 사람들이 저지른 모든 불의에 대하여 하느님의 정의가 승리한다는 사실을 드러낼 것이며, 당신의 사랑이 죽음보다 강하다는 것을 드러내게 될 것이다.

1042항 종말에는 하느님 나라가 완전하게 도래할 것이다. 최후의 심판 후에 육체와 영혼이 영광스럽게 된 의인들은 그리스도와 함께 영원히 다스릴 것이며 우주 자체도 새롭게 될 것이다.

1043항 인류와 세상을 변화시킬 이 신비로운 새로움을 성경은 "새 하늘과 새 땅"(2베드 3,13)이라고 부른다. 이는 "하늘과 땅에 있는 만물을 그리스도 안에서 그분을 머리로 하여 한데 모으는"(에페 1,10) 하느님 계획의 결정적 실현이 될 것이다.

2818항 주님의 기도에서는 그리스도의 재림을 통한 하느님 나라의 궁극적 도래를 주요하게 다루고 있다. 그런데 이 희망은 교회가 이 세상에서 해야 할 사명에서 멀어지게 하는 것이 아니라, 오히려 그 사명을 다하도록 자극하는 것이다. 왜냐하면 성령 강림 이후로, 하느님 나라의 도래는 "성자의 구원 사업을 세상에서 이루시며, 모든 것을 거룩하게 하시는" 주님의 성령께서 하실 일이기 때문이다.

04 우리들의 노력

- 시한부 종말론에 현혹되지 않도록 합니다.
- 길거리에서 나눠주는 유사종교 이단 분파들의 홍보물을 받지 않도록 합니다.
- "예수 믿기만 하면 무조건 천국, 안 믿으면 무조건 지옥"이라고 현혹하는 이들을 피해 지나치기 바랍니다.

- 미사를 통해서 모시는 예수님의 몸으로 주님과 일치를 이루도록 합니다.
- 하느님 나라는 지금 내가 살아가며 하느님과 만남을 이루는 이곳이며, 그 완성의 나라를 위해 지금도 주님의 뜻을 따르며 살고자 노력합니다.

17

종말 III - 영원한 만남, 영원한 삶

01 현상

'죽으면 어떻게 될까?' 죽음은 모두에게 찾아온다. '죽으면 사랑하는 가족과 헤어지겠지?', '죽어서 불구덩이에 떨어지면 얼마나 뜨거울까?' 죽음은 모두에게 두려움이다. 두려움을 없애주는 듯한 손짓이 교활함을 숨긴 채 사람들을 부른다. 두려움을 없애주겠다는 것이다. 이 세상 살아가던 내 몸도, 내 옆의 가족도 친구도 잃지 않는다는 것이다. 죽지 않는다는 것이다. 단, 자신을 죽지 않게 해줄 수 있는 이를 교주로 모셨을 때 말이다.

"우리 교주는 죽지 않는다!" 교주들 저마다가 영원히 살 것이라고 말한다. 자신들의 육체는 영생할 것이라고 한다. 예수님은 십자가에 달려 죽었기 때문에 실패했지만, 그때 빠져나간 영이 자기 육체와 결합해서 영원한 삶의 성공을 거두리라고 호언장담한다. 그랬던 그가 세월이 흐르니 이곳저곳 아프다. 귀도 안 들리고 거동도 불편하다. 병원을 드나

들며 병을 치료하는 모습이 포착된다. 죽지 않고 영원히 살겠다던 그의 노력은 현대 의학으로 가능한 것일까. 그의 능력으로 영생은 가능할 것인가? 하지만 갑작스러운 죽음을 맞이하기도 한다. 그것이 놀라울 일도 아닌 것은 모든 죽음은 갑작스럽게 찾아오기 때문이다. 그러나 영생을 자신하던 이에게 갑자기 찾아온 심장 마비는 그가 했던 호언장담에 비추어볼 때 놀랍긴 한 것이다.

이들을 따라다니는 사람들은 자신들도 영생을 얻는다고 믿는다. 하지만 조건이 있다. 영생을 얻을 사람의 수는 정해져 있다는 것이다. 그 안에 들도록 열심히 거리로 나가 자신의 집단을 알려야 한다. 이러한 주장에 세뇌된 사람들에게, 그들의 주장은 이루어지지 않을 것이라는 설명을 두 시간 동안 한 적이 있다. 열변을 토하고 난 후 "이래도 그 교주가 죽지 않을 것을 믿으세요?"라고 물었을 때, 돌아오는 답은 "신부님, 생각 좀 해볼게요"였다.

02 종말 III – 영원한 만남, 영원한 삶

'우리 비행기는 잠시 후 인천공항, 인천공항에 도착합니다.' 설렌다. 곧 있으면 사랑하는 사람을 만나게 된다. 시대가 좋아 휴대폰만 꺼내 들면 타국에서도 한국에 있는 그의 얼굴을 보고 목소리를 듣기는 했지만 늘 아쉬웠다. 공항 문이 열리고 나를 기다리던 그가 서 있다. 이제 만난다.

외국에 살지 않아도, 누군가와 떨어져 지내지 않아도, 우리를 늘 기다리는 사랑이 있다. 우리가 집에 있을 때나 학교에 있을 때도, 그리고 길거리를 걸어갈 때도 우리의 얼굴을 보고 우리의 목소리를 듣기를 바라며 우리를 사랑하는 이다. 그는 언제나 우리를 기다린다. 우리가 얼굴을 보여줄 때를, 그리고 목소리를 들려줄 때를 기다린다. 사실 그는 "우리가 부를 때마다 가까이 계셔주시는"(신명 4.7) 분이었다. 집에서 무릎을 꿇고 기도할 때에도, 성당에서 성체를 모실 때에도, 그리고 형제와 사랑을 나눌 때에도 그분은 우리 곁에 계셨다. 그런 그분의 얼굴을 직접 마주할 수 있는 만남의 순간이 기다린다.

하느님과 직접 얼굴을 마주하고 누릴 행복을 교회는 '지복직관'(至福直觀, Visio Dei)이라 표현한다. 그리고 그 행복이 이루어지는 것을 '천국'이라 전한다. 지복직관의 행복을, 천국의 아름다움을 도저히 인간의 언어로는 표현해낼 수 없어 성경은 이를 생명이며, 아버지의 집이자, 천상 예루살렘, 낙원이라고 표현했나보다. 형언할 수 없는 아름다움을 간직한 천국의 문이 열려있다. 예수님께서는 그 문을 우리를 향해 활짝 열어 놓으셨다. 당신의 은총과 사랑을 간직하고 살았던 사람들이라면 누구든 들어올 수 있도록 열어 놓으셨다. 그 문 안에서 우리게 손짓하신다. 집에서, 학교에서, 그리고 길거리에서 솔깃함에 눈을 돌렸던 잠깐의 즐거움이 아니라 없어지지 않을 영원한 행복으로 우리를 초대한다. 우리가 방에서 기도할 때에도, 성당에서 성체를 모실 때에도, 그리고 형제와 사랑을 나눌 때에도 함께 하셨던 그분을 직접 뵐 수 있는 초대이다.

하지만 그 문으로 들어가기까지 우리 모두는 걸어야 하는 길이 있다. 항상 하느님께서 우리에게 가까이 오셨었다면, 이제는 우리 차례인 것이다. 사랑하는 사람을 만나기 위해 고향으로 돌아가는 비행기가 착륙의 과정을 거치듯, 하느님께로 나아가는 길에 마련된 과정들을 이제 우리가 거쳐야 한다. 우리를 그토록 찾으시던 그분의 눈길에 우리 눈을 얼마나 맞춰 왔는지, 집에서, 일터에서, 성당에서 얼마나 그분을 찾고 살아왔는지 그분은 알고 계신다. 부족했을 수 있다. 하지만 그분은 우리가 부족했다고 곧장 회초리를 드시는 무자비한 분은 아니시다. 우리에게 부족함의 흙이 묻어있다면, 그리고 그 흙이 털어 없어질 수 있는 것이라면 그분은 우리의 부족함을 털어내 주신다. 그렇게 자비하신 분이시다. 그 흙을 꼭 털어 주십사 기도하는 살아있는 이들의 청에도 귀 기울이시는 분이시다.

운명의 수수께끼 같지만, 단순히 받아들이기는 어렵지만, 그리고 슬프고 두렵지만, 왔으니 돌아가야 하는 것은 순리다. 하지만 그것이 믿는 이들에게는 슬픔만은 아닐 수 있음은, 하느님께로부터 왔으니 하느님께로 돌아갈 수 있다는 믿음 때문일 것이다. 하느님께서는 당신의 숨으로 사람을 만드시고 죽음을 통해 사람을 부르시기 때문이다. 그래서 한 사람이 지상의 생을 마감하는 것은 슬프지만, 그 마감은 하늘의 문이 열리는 새로운 시작임을 희망하고 기도한다. 예수님과 함께 부활하려면 예수님과 함께 죽어야 한다는 수수께끼 같아 보이는 진리는 당신의 부활로 이미 드러났기에, 우리는 죽음이 '떠남'이 아니라 '만남'으로의 초대임을 믿고, 희망하며, 사랑한다. 흙을 덜 묻히도록 노력하며 살아간다.

그러나 사람들에게 헛된 기대를 심어주는 유사종교 이단 분파와 같은 이들은 '죽음'을 피해 달아난다. 불편하기 때문이다. 죽지 않고 영원히 살 것이라고 한다. 천국이 곧 자신의 집단이며 그곳에 천상 세계가 이루어질 것이라고 사람들을 속인다. 그런데 천상 세계가 완성될 곳이 우리나라, '한국 땅'이란다. 그리고는 사람이 가야 할 곳을 지상에 세워진 자신들의 집단과 지옥, 이렇게 둘로 나누어 버린다. 자신들의 집단에 속한 사람은 죽지 않고 지금과 같은 모습으로 영생을 누리고, 자신에게 속해있지 않은 사람은 모두 지옥의 불구덩이로 떨어진다고 한다. 이 얼마나 무자비한 모습인가. 그들에게는 죽음을 넘어선 부활의 희망도, 우리게 묻은 흙을 털어주시는 자비하신 아버지도, 말로 표현할 수 없어 '천국'이라 그릴 수밖에 없는 행복도 존재하지 않는다. 그저 자신이 하느님이 되어 지팡이를 휘두르기만 바랄 뿐이다. 영원하지 않은 헛된 희망만 좇을 뿐이다.

우리는 희망한다. 하느님께 선물 받은 삶 속에서 우리를 초대하시는 하느님을 충실히 만나 그분과 함께 하는 기쁨 안에 살아가고, 우리게 주어진 시간이 다 되었을 때 그분 나라로 들어가기를 희망한다. 희망하고 살아간다면 우리 생의 마지막은 끝이 아니라 새로운 삶에로의 옮아감이고, 허물어져 버릴 세상에 깃들였던 집이 아닌 영원한 거처가 하늘에 마련될 것임을 희망하며 살아간다.

03 더 읽어보기

『간추린 가톨릭 교회 교리서』
영원한 삶을 믿나이다
하느님께서는 죽음을 통해 사람을 당신께 부르신다. 그러므로 그리스도인들은 죽음을 앞두고 예수님과 같이 "나는 아버지께로부터 왔다가 아버지께 돌아간다"고 말한다. 죽은 다음 우리 한 사람 한 사람은 사랑에 대하여 심판을 받을 것이며, 정화를 거치거나, 곧바로 하늘 나라의 행복으로 들어가거나, 영원한 벌을 받을 것이다(124-125쪽).

천국

하느님의 은총과 사랑을 간직하고 죽은 의인들은 그리스도와 함께 영원히 살게 된다. 이것이 천국이다. 천국은 그리스도와 온전히 한 몸이 된 모든 사람이 삼위일체 하느님과 이루는 친교이다(125쪽).

연옥

천국 복락에 들기에 필요한 거룩함을 얻기 위해서 죽은 다음에 거치는 정화 과정이 연옥이다(125쪽).

지옥

사랑을 거부한 자들은 하느님과 형제들과 결합될 수 없다. 죽을죄를 뉘우치지 않고, 하느님의 자비로우신 사랑을 받아들이지 않은 채 죽는 것은 곧 하느님과의 영원한 결별을 의미한다. 지옥은 이처럼 하느님과 또 복된 이들과 이루는 친교를 결정적으로 '스스로 거부한' 상태를 말한다(125쪽).

최후 심판

"그리로부터 산 이와 죽은 이를 심판하러 오시리라 믿나이다." 이것이 바로 최후 심판이며, 죽은 다음에 개인적으로 받는 사심판(私審判)과 대비하여 공심판(公審判)이라고 부르기도 한다. […] 최후 심판은 사람들이 저지른 모든 불의에 대하여 하느님의 정의가 승리한다는 사실과 그분의 사랑이 죽음보다 강하다는 사실을 드러내게 될 것이다. 최후 심판에 대한 가르침 역시 사랑과 자비로 회개하라는 호소이며, 영광스러운 주님의 재림에 대한 "복된 희망"(티토 2,13)을 알리는 것이다(126쪽).

새 하늘 새 땅
이 세상 끝 날에는 하느님 나라가 완전하게 도래할 것이다. 성경은 인류와 세상을 변화시킬 이 신비로운 새로움을 "새 하늘과 새 땅"(2베드 3,13)이라고 부른다.

『가톨릭 교회 교리서』
1005항 그리스도와 함께 부활하려면 그리스도와 함께 죽어야 하고, "이 몸을 떠나 주님 곁에 살기"(2코린 5,8) 위하여 떠나야 한다.

1021항 죽음은 그리스도 안에 드러난 하느님의 은총을 받아들이거나 거부할 수 있는 시간인 인생에 끝을 맺는다.

천국
1026항 예수 그리스도께서는 당신의 죽음과 부활을 통하여 우리에게 천국을 '열어' 주셨다. 천국의 복된 사람들의 삶은 그리스도께서 이루신 구원의 결과를 완전히 차지하는 데 있으니, 그리스도께서는 당신을 믿고 당신의 뜻을 끝까지 충실하게 지켜 온 사람들을 하늘의 당신 영광에 참여시키신다. 천국은 그리스도와 온전히 한 몸이 된 모든 사람의 복된 공동체이다.

1028항 하느님께서는 초월적인 분이시기 때문에, 당신 스스로 인간이 직접 볼 수 있도록 당신의 신비를 드러내 보이시거나 인간에게 그러한 능력을 주실 때에만 그 참모습이 보이는 것이다. 이처럼 천상 영광 안의 하느님을 뵙는 것을 교회는 '지복직관'(至福直觀)이라고 부른다.

마지막 정화 - 연옥

1030항 하느님의 은총과 사랑 안에서 죽었으나 완전히 정화되지 않은 사람들은 영원한 구원이 보장되기는 하지만, 하늘의 기쁨으로 들어가기에 필요한 거룩함을 얻으려면 죽은 다음에 정화를 거쳐야 한다.

1031항 교회는 선택된 이들이 거치는 이러한 정화를 연옥이라고 부르는데, 이는 단죄받은 이들이 받는 벌과는 전혀 다르다.

1032항 교회는 초기부터 죽은 이들을 존중하고 기념하였으며, 그들을 위해 기도하며 특히 미사성제를 드렸다. 그것은 그들이 정화되어 지복직관에 다다를 수 있도록 하기 위함이다. 또 교회는 죽은 이들을 위한 자선과 대사(大赦)와 보속도 권한다.

지옥

1036항 지옥에 대한 성경의 단언과 교회의 가르침은, 인간 자신의 영원한 운명을 위하여 책임감을 가지고 자신의 자유를 사용하라는 호소이다. 그리고 동시에 그것은 회개하라는 절박한 호소이기도 하다.

1037항 하느님께서는 아무도 지옥에 가도록 예정하지 않으신다. 자유의사로 하느님께 반항하고(죽을죄를 짓고) 끝까지 그것을 고집함으로써 지옥에 가게 되는 것이다. 미사 전례와 신자들의 일상 기도를 통하여 교회는 "아무도 멸망하지 않고 모두 회개하기를"(2베드 3,9) 바라시는 하느님의 자비를 빈다.

최후의 심판

1039항 진리이신 그리스도 앞에서 각 사람이 하느님과 맺은 관계의 진상이 결정적으로 밝혀질 것이다.

1040항 최후의 심판은 그리스도의 영광스러운 재림 때에 이루어질 것이다. 아버지만이 그 시간과 날짜를 알고 계시며, 그분만이 그리스도의 재림에 대하여 결정하신다.

새 하늘과 새 땅에 대한 희망

1042항 종말에는 하느님 나라가 완전하게 도래할 것이다.

1044항 하느님께서는 모든 것이 새롭게 된 하늘의 예루살렘에서, 사람들 가운데 거처하실 것이다.

1048항 우리는 땅과 인류가 완성되는 때를 모르며, 우주 변혁의 방법도 알지 못한다. 죄로 이지러진 이 세상의 모습은 반드시 사라진다. 그러나 하느님께서 정의가 깃드는 새로운 집과 새로운 땅을 마련하시리라는 가르침을 우리는 받고 있다.

04 우리들의 노력

- 부활의 희망을 드러내 보여주신 주님께 감사드립니다.
- 영원한 생명의 보증인 성체를 받아 모십니다.
- 죄를 용서해주시는 자비하신 하느님을 기억하며 고해성사를 준비합니다.
- 연옥 영혼들이 정화의 과정을 거쳐 하느님의 품에 받아들여지기를 기도합니다.

18

종말 IV - 순례의 길

01 현상

01-1. "마음이 힘들었던 제게 위로를 줬어요. 위로를 넘어서 귀한 보물까지 선물해줬어요", "귀한 보물을 받고 진정한 행복을 깨달았어요." 그에게 진정한 행복을 깨닫게 해준 귀한 보물은 성경 공부였으며, 성경 공부로 행복을 가져다준 집단은 유사종교 이단 분파였다. 그곳에 있는 시간이 너무나 행복하단다. 그곳을 알기 전에는 불행하다 느껴졌던 삶이 그곳을 알고부터는 행복으로 변화되었다고 기뻐한다. 천국이 이루어지기 때문이라는 것이다. 더 이상의 삶의 고통은 없어지고 약속된 목자가 오시면 그가 이룬 천국으로 들어갈 자격을 얻었기에 행복하다 한다. 자신의 집단에 속해 있는 이들만 누릴 수 있는 행복이란다. 어서 빨리 그 행복을 누리기 위해 현재의 삶을 버리고 함께 가자고 한다.

01-2. 14만 4천 명 안에 들고, 나라와 제사장이 되기 위해 전도하고 힘

써왔다. 곧 이루어진다고 하기에 그것만 바라보고 지내왔다. 하지만 점점 지쳐갔다. 직장도 그만두고 그곳에 전념했는데, 때가 얼마 남지 않았다면서 세상일은 소용없다고 했는데, 아무것도 이루어지지 않고 나는 지쳐만 갔다. 그런 나를, 나를 사랑하는 사람들이 그곳에서 빼내줬다. 나와 보니 모든 것이 우스웠다. 진짜처럼 꾸민 거짓에 속아 낭비한 시간이 아까웠다. 그리고 그곳에서 빠져나올 수 있도록 도와주신 하느님께 감사했다. 하느님께서는 내가 그곳에 빠져있을 때에도 나를 올바른 길로 이끄시고자 내 곁에 계셨음을 깨달았다. 그 음성을 들을 수 있게 되어 너무나 다행이고 감사할 뿐이었다.

02 종말 IV- 순례의 길

산티아고 순례길. 800km가 넘는 스페인 동쪽부터 서쪽 끝 코스는 산티아고 데 콤포스텔라(Santiago de Compostela)를 향한 길이다. 예수님의 열두 제자 중 한 사람인 성 야고보가 선교했다고 전해지는 길이고, 그곳에서 죽지는 않았지만 후에 유해가 발견되었다고 하여 많은 순례자들이 산티아고 데 콤포스텔라를 목적지로 하여 산티아고 순례길을 걷는다. 이는 야고보 사도의 유해가 있는 성지까지 걸어가는 순례의 길이며, 지금은 많은 사람들이 종교를 넘어 깨달음을 찾고자 나서기도 하는 길이다. 짧게는 30일, 여유 있게는 40일을 걸어야 한다. 순례자는 목적지를 향해 힘차게 발걸음을 내딛지만 벌써부터 잔뜩 챙겨온 짐이 담긴 배낭이 어깨를 짓누른다. 배낭 속 필요 없는 것들을 하나씩 내려

놓고 다시 길을 나선다. 힘이 풀린 다리는 작은 돌부리에도 걸려 넘어진다. 그러나 다시 몸을 일으켜 목적지를 향해 나선다. 하루 종일 걷다 보면 그간 생각하지 못했던 많은 일들이 스쳐 지나간다. 좋았던 일, 나빴던 일, 감사했던 일, 후회스러운 일, 그리고 그때마다 내 옆을 지켜주었던 이들, 그리고 하느님. 그래서 이 길을 '순례'라고 하나보다. 목적지에 도착했다. 발은 퉁퉁 부어 있지만 마음은 충만해 있다.

사실은 짧은 길이다. 800km의 길은 너무도 짧은 순례의 길이다. 우리가 살아가는 '삶'이라는 순례의 길에 비하면 말이다. 교회는 자신을 지상의 나그네라고 부른다. 하느님의 백성인 교회가 지상의 나그네이니, 우리도 지상의 나그네이다. 나그네는 하루하루 목적지를 향해간다. 성공과 행복을 위해 호기롭게 발걸음을 내딛으며 나아간다. 그러나 벌써부터 그 무게가 너무 무겁게 느껴져 조금씩 내려놓아야 할 것이 보인다. 하나씩 내려놓고 나니 발걸음은 한결 가벼워진다. 그렇게 한참을 걷다 보니 다리에 힘이 풀려 작은 돌부리에 쉽게 넘어지고 만다. 넘어진 상처가 아물면 다시 힘을 내어 걷는다. 그런데 걷다 보니 가시밭길을 만났다. 발에 피가 나지만 그래도 걸어야 한다. 그렇게 또다시 한참을, 이제 좋은 길이 나타난다. 하지만 또다시 뜨거운 태양이 내리쬐는 한낮이 기다린다. 그렇게 순례의 길 위에서 희로애락(喜怒哀樂)을 느끼며 충실히 걷다 보면 목적지에 이를 것이다. 돌에 걸려 넘어진 나를 일으켜주고, 가시에 찔린 내 발을 치료해 주었으며, 좋은 땅으로 이끌었고, 햇빛을 그늘로 만들어 주었지만 볼 수는 없었던 그분을 목적지에서 만나게 될 것이다. 충실히 걸어 목적지에 도달한다면 말이다.

하지만 이러한 순례의 길이 고되다고 하여 그 길을 지워버리려는 이들이 있다. 마치 일확천금(一攫千金)을 노리듯이 돌부리도, 가시밭도, 좋은 땅도 모두 뛰어넘어 목적지에 바로 도달할 수 있는 묘책을 알려준다는 이들이다. 자신들 집단에만 속하게 되면 더 이상 고통도 어려움도 사라지고 곧 이루어질 천국에서 행복을 누릴 수 있다고 사람들을 선동하는 유사종교 이단 분파들이 있다. 그들에게 나그네의 삶은 존재하지 않으며, 그 삶은 고통뿐이기에 그 고통에서 벗어나려면 자신들 교주의 모습으로 곧 나타날 구원자가 다스리는 나라, 즉 자신들의 집단에 들어와야 한다고 사람들을 현혹한다. 가시밭길과 돌밭을 걸어가는 이들, 그리고 그 길을 홀로 걷고 있다고 생각하는 이들은 현혹되어 그 말을 믿게 된다.

묘책이란 존재하지 않을 것이다. 우리가 할 수 있는 일은 순례의 길을 충실히 걷는 것일 뿐이다. 우리게 마련된 하루하루의 삶을 충실히 살아가야 하는 것이다. 그러나 희망이 있다. 예수님의 십자가 죽음에 절망하고 자신들의 고향을 향해 돌아가던 두 제자, 부활한 예수님을 당장에 알아보지는 못했지만, 집에 돌아와 빵을 떼시는 모습을 보고서야 그분을 알아보았던 두 제자의 모습에 희망을 본다. 영원한 삶이라는 목적지를 향해 순례하다가 만나는 돌부리, 가시밭, 따가운 태양, 그것을 왜 내 앞에서 치워주지 않았냐고, 하느님은 무능력한 분이라고 절망할 때마다 나를 일으켜주시고 발에 상처를 치료해주시고 마실 물을 가져다 주셨던 그분이 희망이다.

종말을 향한 길은 순례의 길이다. 천상 예루살렘이라는 하느님 나라의 완성인 종말을 향해 우리는 예수님께서 당신 몸으로 이루신 교회 안에 살아간다. 그리고 성체를 양식으로 받아 안고 살아간다. 이 길은 고통의 길이 아니라 희망이 길이다. 고되다고 하여 목적지로 우리를 순간 이동 시켜줄 묘책을 누군가에게만 알려주는 길이 아니라, 우리 모두가 지상의 시간을 다하는 날까지 충실히 걸어야 하는 순례의 길인 것이다.

03 더 읽어보기

「감사기도 제3양식」

주님, 이 화해의 제물이 온 세상의 평화와 구원에 이바지하게 하소서. 지상의 **나그네인 교회**를 돌보시어 주님의 일꾼, 교황 ( )와 저희 주교 ( )와 모든 주교와 성직자와 주님께서 구원하신 온 백성과 함께 믿음과 사랑으로 굳건하게 하소서. 주님 앞에 모이게 하신 이 가족의 기원도 너그러이 받아들이소서. 인자하신 아버지 사방에 흩어진 모든 자녀를 자비로이 모아들이소서.

『가톨릭 교회 교리서』

541항 아버지께서는 당신의 아들 예수 그리스도를 중심으로 사람들을 모으심으로써 이를 행하신다. 이 모임이 바로 교회이며, 이는 지상에서 "하느님 나라의 싹과 시작이 된 것이다."

671항 그리스도의 나라는 이미 당신의 교회 안에 현존하지만, 아직은 "권능과 큰 영광을 떨치며"(루카 21.27) 오시는 왕의 지상 내림으로 완성된 것은 아니다. 그리스도의 파스카로 악의 세력의 뿌리는 정복되었지만, 그리스도의 나라는 그들의 공격을 받고 있다. 모든 것이 그분에게 굴복할 때까지, "의로움이 깃드는 새 하늘과 새 땅이 이루어질 때까지, 순례하는 교회는 자신의 성사들 안에서 그리고 이 시대에 딸린 제도 안에서 지나갈 이 현세의 모습을 지니고, 아직까지 신음하고 진통을 겪으며 하느님의 자녀들이 나타나기를 기다리는 피조물들 사이에서 살고 있다."

764항 예수님의 말씀을 받아들이는 것은 바로 "하느님의 나라를 받아들이는 것"이다. 이 나라의 시작과 싹은 예수님께서 오시어 당신 주위로 불러 모으신 사람들의 "작은 양 떼"(루카 12,32)이며, 예수님께서 바로 그들의 목자이시다. 그들은 예수님의 참가족을 이룬다.

769항 교회는 그리스도께서 영광스럽게 다시 오실 때 "비로소 천상 영광 안에서 완성될 것이다." 그날까지 "교회는 세상의 박해를 견디고 하느님의 위로를 받으며 자신의 순례 길을 걸어간다." 이 세상에서 교회는 자신이 주님에게서 멀리 떠나 귀양살이 중이라는 것을 알고, 하늘 나라의 완전한 도래와 "자기 임금님과 영광스럽게 결합되기를 바라고 갈망한다."

1344항 순례 길의 하느님 백성은, 주님께서 "오실 때까지"(1코린 11,26) 계속되는 성찬례의 거행으로 예수님의 파스카 신비를 전하면서, 선택된 사람들이 하느님 나라의 식탁에 앉게 될 천상 잔치를 향하여 "십자가의 좁은 길을 걸어간다."

1683항 이 세상의 순례 길을 가는 동안 성사로써 그리스도인을 품에 안아 온 어머니처럼, 교회는 그를 "아버지의 손에" 맡겨 드리기 위하여 끝까지 그와 동행한다.

04 우리들의 노력

- 하느님께서 당장에 우리를 고통에서 구해주지 않는다고 원망하지 않고, 하느님께서는 엠마오로 가는 두 제자와 함께 걸으셨듯이 우리와 함께 걷고 계시다는 것을 기억해봅니다.
- 지상 순례의 길에 우리에게 주어진 성체의 양식을 자주 모시도록 합니다.
- 순례의 길을 함께 걸어가는 주변 형제자매와 친교로써 동행합니다.
- 순례의 길을 단숨에 목적지로 바꾸어버릴 묘책은 허상이라는 것을 기억합니다.
- 단숨에 우리에게 내려질 복을 바라는 기복의 자세를 멀리합니다.

19

구원 - 하느님께서 구원하시다

01 현상

01-1. 능력 좋은 사람이다. 사회에서도 소위 잘 나가는 사람이며 사람들 사이에서 역시 우러러봄직한 사람으로 평가받는다. 그의 능력이 워낙 출중한데다 자신감마저 넘치는 그는 '하느님은 필요 없어!', '나 자신이 신이다!'라며 자신을 한껏 치켜세운다. 성당에 다니는 이들을 누군가에게 기대는 나약한 인간들로 치부하며 자신은 스스로 모든 것을 해결할 수 있다며 자신한다. 그랬던 그가 어려움을 맞이한다. 내적으로는 물론 외적으로도 다가오는 어려움 앞에서 그는 그제서야 자신을 바라보게 된다.

01-2. 세상은 발전하고 있다. 얼마 전까지만 해도 공상과학 영화에서나 나올 법한 상상이었던 일들, 가까운 예로 길을 걸어가며 누군가와 화상으로 전화를 한다는 것이 지금은 너무나도 쉬운 일이 되어있다. 심

지어 인간이 피곤하게 자동차를 운전할 필요도 없이 목적지만 입력하면 사람을 데려다주는 시대가 다가오고 있다. 발전은 끝이 없다. 세상은 점점 더 편해질 것이다. 그것을 개발하는 사람들의 능력은 계속 발전되고 있기 때문이다. 하지만 그런 인류에게 작은 바이러스 하나가 찾아왔다. 바이러스 앞에 수많은 사람들이 목숨을 잃어야 했고, 인류는 그 앞에 공황(恐慌)의 민낯을 드러냈다. 과연 인간의 능력은 인간을 구원할 수 있을까?

01-3. 인간의 능력을 과대평가하다가, 자신을 신이라며 한껏 치켜세우다가, 급기야는 자신이 인류를 구원할 구세주라고 주장하는 사람들이 있다. 바이러스를 퇴치할 백신을 개발해서 인류를 구해낸 사람은 인류를 질병으로부터 구원해주었다는 명백한 공로를 인정받아 '노벨상'도 받을 수 있을지 모른다. 그러나 이와는 달리, 스스로를 구세주로 지칭하는 이들은 자신은 영원히 살 수 있는 신이며, 영원히 살 수 있는 방법을 알고 있기 때문에 자신은 사람들을 구원해줄 수 있는 구원자라고 주장한다.

01-4. '규칙적인 생활을 하면 몸은 건강해질 것입니다'라는 말을 듣고 의사에게 생활 규칙을 배워온다. 생활 규칙에 취침 시간은 밤 11시로 되어있는데, 그 시간이 다 되어갈 즈음 전화가 울리고 심각한 목소리의 친구는 자신의 고민을 털어놓는다. 하지만 나는 밤 11시면 취침해야 하는 것이 규칙이니 친구에게 다음에 통화하자는 말을 남긴다. 그리고 그 시간에 취침하는 규칙을 지키지 않는 친구는 건강해질 수 없을 것이라

며 나무란다. '규칙적인 생활만 하면 몸은 건강해질 것입니다'라는 말은 '규칙적인 생활을 하지 않으면 죽음에 이르게 될 것입니다'라는 말에 상응하지는 않는다는 것을 간과한 것이다.

02 구원- 하느님께서 구원하시다

"구원받고 싶으세요? 자, 그럼 지금부터 제가 시키는 일을 하셔야 합니다!"

인간의 능력으로 구원될 수 있다는 이들이 있다. 인간은 모든 것을 할 수 있기 때문에, 구원도 쟁취할 수 있고 그것은 각자의 노력 여하에 달려있다는 것이다. 성경을 깨닫는 자만이 구원을 받을 수 있기 때문에 성경을 아는 것이 구원의 조건이 되거나, 예수 그리스도 이후에 이 땅에 나타난 숨은 구원자를 찾아 그를 따라 나서야만 구원을 받을 수 있다는 조건들은 모두 인간의 노력으로 이뤄 낼 수 있는 구원의 조건이라는 것이다. 과연 구원은 그렇게 얻어질 수 있는 것인가? 아니, 인간은 구원을 각자의 힘으로 '이뤄낼' 수 있기라도 한 것인가?

그런데 그들이 만들어 놓은 구원을 위한 조건은 계속해서 채우려 해도 충족이 되지 않는다. 마치 이 시대를 살아가는 젊은이들이 좇고 있는 세상의 성공 조건보다도 그 기준이 모호하고 어려워 보인다. 학창 시절 열심히 공부해서 좋은 대학에 입학하면 얻을 수 있을 것 같았던 성공이었다. 그런데 대학에 입학한 후에는 좋은 성적과 자격증, 영어 실력이 필요하다는 또 다른 조건이 생겼다. 애써 그 조건을 충족시키고 취업을 이루고 나니 회사에서 요구하는 업무 실적은 승진의 또 하나의 조건으로 놓여있다. 이렇듯 세상에서 이루고자 하는 성취의 조건은 그 기준이라도 찾아볼 수 있을 텐데, 그들이 내세우는 구원의 조건 충족 기준은 끝이 없으며, 결코 타당해 보이지도 않는다. 스스로 그 조건을 충족시켰다는 이들이 이렇게 말하기 때문이다. "오, 하느님! 제가 다른 사람들, 강도짓을 하는 자나 불의를 저지르는 자나 간음을 하는 자와 같지 않고 저 세리와도 같지 않으니, 하느님께 감사드립니다"(루카 18,11).

상상을 더해 그의 마음속으로 한 걸음 더 들어가 본다. '나는 저 사람처럼 강도짓을 하지 않았어. 내가 고구마를 캐러 나갔는데 호미를 안 들고 갔지 뭐야. 그런데 옆 밭에 호미가 있길래 가져다 썼는데 내 손에 아주 잘 맞아 마음에 들어 집으로 가져와 버렸네. 미안하긴 하지만 호미가 크게 비싸지도 않으니, 나중에 주인이 누군지 알게 되면 수확한 고구마나 나눠줘야겠어. 그럼 그가 더 기뻐하지 않을까?' 그러면서 이렇게 말한다. "오, 하느님! 저는 강도짓을 하는 자와 같지 않습니다."

'나는 간음하지 않았어. 길을 가는데 아름다운 여인이 내 앞을 지나갔지. 내 눈길은 그녀를 향했고 그녀도 나를 바라봤어. 그리고 내 마음에 탐욕이 자리했지. 그녀의 옷차림이 나를 탐욕에 빠뜨린 거야. 그녀의 옷차림이 나를 유혹하지 않았다면 나의 마음은 흔들리지 않았을 거야.' 그러면서 이렇게 말한다. "오, 하느님! 저는 간음을 하는 자와 같지 않습니다."

구원의 조건을 충족시킬 수 있다던 그 능력은 교묘히 자신에게 짜 맞추어져 버렸다. 불가능은 없다고 능력을 자신했던 그들은 죄로 기울어지는 자신을 바라보며 번번이 조건을 충족하지 못함에 좌절을 느꼈을지 모르겠다. 결국 자신의 한계 앞에서 구원의 조건은 슬며시 모습이 바뀌어 있다. 그것은 자신보다 못한 이를 찾아내어 그를 짓누르고 자신을 세우는 비겁한 방법으로 자신을 옹호하는 것이 되었으며, 조건을 충족시키지 못한 책임을 누군가에게 전가해버리는 비겁함이 되었다.

이렇게 비겁함을 무릅쓰면서까지 그리 애쓸 필요는 없다. 불가능의 한계 앞에 넘어진 우리 곁에 계신 그분을 바라보면 된다. 그분 앞에 우리의 조건들은 무용하다. 그분은 조건이 없으신 분이기 때문이다. 단지 그분은 우리를 '초대'하신다. 구원으로 우리를 초대하시는 분이시다. 그리고 구원의 초대장은 인간의 노력보다 앞선 은총으로 우리에게 전해졌다. 인간이 정해 놓은 노력만으로는 결코 얻어낼 수도, 아니 오히려 그것이 조건이 될 수도 없는 구원의 초대장을 들고 손을 뻗고 계신 분이시다.

구원은 하느님께 있다. 조건을 채웠다며 의기양양한 인간이 당신을 바라보기를 기다리며 그 옆에 서 계시다. 인간이 만들어 놓은 조건만으로는 도저히 구원을 이뤄낼 수 없음을 빨리 깨달으라며 그 옆에 서 계시다. 연약함을 감추기 위해 자신을 포장하는 비겁함 앞에 구원자로 오셨다. 그 사랑을 알게 하시려고, 죄가 아닌 화해의 본을 보여주시려고 연약한 모습을 똑같이 지니고 오셨다. 그래서 그분의 이름은 예수, 곧 '하느님께서 구원하시다'이다.

섣부른 자만은 금물이다. 그리고 하느님의 손길에 우리 손을 맞잡는 것, 그것에 너무 많은 조건을 달지 말자.

03 더 읽어보기

『간추린 가톨릭 교회 교리서』
예수
예수는 히브리말로 '하느님께서 구원하시다'라는 뜻이다. 하느님께서는 예수님 안에서 인간 구원의 역사를 총괄적으로 실현하신다. 예수님을 통하여 우리를 죄에서 구원하시고, 당신의 자녀로 삼으시며, 영원한 나라를 상속받게 하신다. 그러므로 우리를 구원할 수 있는 이름은 이 이름밖에 없다(사도 4,12). 우리는 예수님의 이름으로 기도한다(59-60쪽).

강생의 이유
성자께서 사람이 되신 것은 물론 우리 인간을 위해서, 우리 구원을 위해서이다. 성경은 강생의 이유를 여러 가지로 말하고 있다. 그분께서는 우리를 하느님과 화해시켜 구원하시기 위해(1요한 4,10.14), 우리에게 하느님의 사랑을 알게 하시려고(요한 3,16; 1요한 4,9), 우리에게 본을 보이시고자(마태 11,29; 요한 13,15), 우리를 하느님의 본성에 참여하게 하시려고(2베드 1,4) 강생하셨다(61-62쪽).

『가톨릭 교회 교리서』
456항 니케아-콘스탄티노폴리스 신경에서 우리는 "성자께서는 저희 인간을 위하여, 저희 구원을 위하여 하늘에서 내려오셨음을 믿나이다. 또한 성령으로 인하여 동정 마리아에게서 육신을 취하시어 사람이 되셨음을 믿나이다." 하고 고백한다.

457항 '말씀'은 우리를 하느님과 화해시켜 구원하시고자 사람이 되셨다. 하느님께서는 "당신의 아드님을 우리 죄를 위한 속죄 제물로 보내주신 것입니다"(1요한 4,10). "아버지께서 아드님을 세상의 구원자로 보내셨습니다"(1요한 4,14). 그리스도께서는 이 세상에 "죄를 없애시려고 나타나셨습니다"(1요한 3,5).

519항 그리스도께서는 당신 자신을 위해서가 아니라 우리를 위하여 사셨다. "우리 인간과 우리의 구원을 위한" 강생에서부터 "우리의 죄 때문에"(1코린 15,3) 돌아가시기까지, 그리고 "우리를 의롭게 하시려고"(로마 4,25) 부활하시기까지 당신 일생을 사셨다. 지금 이 순간에도 그분께서는 "하느님 앞에서 우리를 변호해 주시고"(1요한 2,1), "늘 살아 계시어 하느님께 나아가는 사람들을 위하여 빌어 주신다"(히브 7,25). 그분께서는 단 한 번 영원히 우리를 위하여 살고 고통 받으신 그 모든 것을 지니시고 항상 "우리를 위하여 하느님 앞에"(히브 9,24) 계신다.

620항 우리의 구원은 우리를 먼저 사랑하시는 하느님의 사랑에서 나온다. "하느님께서는 우리를 사랑하시어 당신의 아드님을 우리 죄를 위한 속죄 제물로 보내주셨기"(1요한 4,10) 때문이다. "하느님께서는 그리스도 안에서 세상을 당신과 화해하게 하셨다"(2코린 5,19).

1019항 하느님의 아들이신 예수님께서는 우리를 위하여 당신의 아버지 하느님의 뜻에 온전히 순명하시어 자유로이 죽음을 받아들이셨다. 예수님께서는 당신의 죽음을 통하여 죽음을 이기셨으며, 이로써 모든 인간에게 구원의 가능성을 열어 주셨다.

1811항 죄 때문에 상처를 입은 인간으로서는 도덕적 균형을 유지하는 일이 쉽지 않다. 그리스도를 통한 구원의 선물은 우리가 꾸준하게 덕을 추구하도록 우리에게 필요한 은총을 준다. 각자는 늘 이 빛과 힘의 은총을 청해야 하며, 성사의 도움을 받고, 성령과 협력하며, 선을 사랑하고 악을 경계하라는 성령의 호소를 따라야 한다.

1949항 영원한 행복에 초대받았지만, 죄 때문에 상처 입은 인간에게는 하느님의 구원이 필요하다. 하느님의 도우심은 그리스도 안에서, 인간을 인도하는 법을 통하여 그리고 인간을 지탱해 주는 은총을 통하여 주어진다.

04 우리들의 노력

- 우리를 구원하고자 예수 그리스도를 보내신 하느님께 감사합니다.
- 죄의 연약함은 예수 그리스도의 사랑으로 구원될 수 있음을 기억합니다.
- 인간의 노력으로 모든 것을 이룰 수 있다는 자만에서 벗어납니다.
- 자기중심적 태도, 엘리트주의적 태도, 서로의 무관심, 율법에 대한 과도한 집착은 하느님의 자리를 빼앗고 모든 것을 자신의 자리로 만드는 교만임을 기억합니다.

마리아 - 신앙의 가장 뛰어난 모범

01 현상

01-1. 우리에게 어머니는 언제나 애틋한 분이다. 그런 어머니를 성모님으로 모시고 있는 성당의 성모 신심은 더욱 애틋하게 느껴진다. 그래서 열심히 성모 신심에 몰두하고, 묵주기도도 자주 바친다. 나의 장미꽃다발이 성모님께 올려지기를 바라는 마음으로 묵주기도를 자주 바치다 보면 정말 성모님께서 내 기도를 들어주시는 듯한 마음의 풍요로움을 느끼게 된다. 그러던 어느 날, 성당에 들어가는데 내 코에 장미향이 느껴지는 듯하다. 그리고 기도를 하면서, 성모님과 예수님이 내 곁에 내려오시는 듯한 느낌을 받는다. 성모님의 계시다! 집으로 돌아와 성모상을 바라보니 성모상에서 피가 흐르고 있다. 성모님의 피눈물인가? 그렇다면 사람들에게 성모님이 나에게 찾아오셨음을 알려주어야겠다.

그렇게 사람들을 모아왔다. '어머니'라는 모성애로, '성모님'이라는 신심을 가장하여, '기적'이라는 이름으로 만든 집단은 이미 오래전부터 있었고, 아직까지도 많은 사람들이 날을 새며 그곳을 자주 드나든다. 그리고 그 집단을 만든 이는 자신이 '어머니'가 되어 사람들에게 추앙을 받는다.

우리의 어머니 마리아는 그렇게 화려했고, 소란스러웠으며, 교회와 맞섰으며, 기복을 조장하는 분이셨을까? 그들만의 '어머니'를 보며 성모님의 겸손, 그분의 사랑을 떠올려 본다.

01-2. "어머니 하느님 아세요?" 얼핏 들으면, 하느님의 어머니 성모 마리아를 말하는 듯 보인다. 하지만 자세히 들어보니, 하느님에게도 두 가지 성(性)이 존재한다고 한다. 아니, 정확히 이야기하면 두 성을 가진 두 하느님이 존재한다는 것이다. 남자 하느님과 여자 하느님 이렇게 둘 말이다. 자신이 하느님이라고 주장했던 한 사람. 죽지 않고 '육체 영생' 하겠다고 주장했던 남자 하느님이 갑작스럽게 죽음을 맞이했다. 언젠가 찾아올 시간을 조금 일찍 맞이했다. 그러자 그를 따르던 사람들이 흩어지기 시작한다. 대안이 필요했다. 그것이 바로 여자 하느님이다. 남자 하느님이 죽기 전에 그와 가까이 있었던 한 여인. 그가 여자 하느님, 어머니 하느님이 되어 있었다. 사람들이 그를 '하늘 어머니'라고 부르면서 따라다닌다.

02 마리아- 신앙의 가장 뛰어난 모범

자녀로 살아가는 우리네 삶의 드라마에서, 주인공은 우리라면 조연은 누구일까? 지금까지 번듯한 직장도, 평온한 가정도 이룰 수 있었던 주인공이 등장하는 인생 드라마는 한 여인의 산고(産苦)와 함께 시작되었다. 배고파 우는 그를 먹였고, 커가는 그를 입혔다. 첫 뒤집기를 하자 감격의 눈물을 흘렸고, 걷다가 넘어질세라 조마조마했다. 학교에 가면 잘 해낼 수 있을까 걱정했고, 차가운 세상에 내던져진 모습을 바라보면 마음을 저며왔다. 그렇게 사랑했다. 그를 주인공으로 만들기 위해서 조연은 그를 온전히 사랑했다. 그것이 조연의 몫이었다.

예수 그리스도의 구원의 드라마에서도 조연은 '어머니'의 역할로 등장한다. 그 어머니의 모습은 모든 어머니의 모범이며, 모든 조연들 가운데 가장 뛰어난 명품 조연이었다. 그리고 구원의 드라마에 참여하고자 하는 모든 등장인물들에게 조연이란 어떤 존재인지를 보여주었다. 그렇게 예수 그리스도의 구원 드라마에 한 등장인물이 되고 싶어 하는 우리들에게 모범으로 자리하고 있는 그 조연을 우리는 공손히 받들어 모신다.

어머니 마리아에 관한 모든 교리의 주인공은 바로 예수 그리스도이다. 성모님 자신을 말하기 위한 교회의 모든 고백에서도 그분은 조연으로 남는다. 그럴 수밖에 없다. 성모님은 예수님을 잉태하시기 위해 미리 준비되어 계셨다. 하느님을 모시는 태는 얼마나 거룩해야 했을까. '죄'와는 멀리 계셔야 하는 분이셨기에, 태어나는 첫 순간부터 죄가 없이 태어나셨다. 오직 그리스도를 탄생시키는 태를 준비하기 위해서(원죄 없으신 잉태).

하느님을 모시는 태는 거룩했다. 성령께서 그리하셨다. 하느님이셨기 때문에, 하느님의 힘으로, 성령으로 잉태되심은 다른 태아들과는 달랐다. 그리고 탄생 후에도 그분을 모셨던 태는 거룩하게 남아있었다. 하느님을 모시는 거룩함을 위해서(평생 동정).

그렇게 성모님은 예수님을 낳으셨다. 하느님께서 사람이 되신 그분을 낳으셨다. 그래서 우리는 그분을 단지 '예수님의 어머니'라고 부르지 않는다. 예수님은 하느님이심을 함께 고백하기 위해서 우리는 그분을 '하느님의 어머니'라고 부른다. 예수님에 대한 믿음을 고백하기 위해서(하느님의 어머니).

마지막까지 그분은 예수님을 위한 조연이었다. 우리도 그리스도와 같이 부활할 수 있으리라는 믿음을 미리 앞당겨 보여주기 위해서 그분은 하늘로 올려지셨다. 당신의 영광 같아 보이는 그것 또한 예수 그리스도를 믿는 이들의 부활을 위한 것이었다(성모 승천).

그런데 조연의 존재에 빠져 들어 주연과 조연을 헷갈려 하는 이들이 있다. 조연이 등장하는 장면만을 보고 그가 주연이라고 말하는 사람들이다. 아니면, 조연이 훌륭했기에 조연을 떼어내어 다른 드라마의 주연으로 세우고자 하는 사람들이다. 그 일이 TV 드라마에서는 가능할지 모르지만 구원의 드라마에서는 불가능하다. 오직 한 분의 구원자인 예수 그리스도가 주연이기 때문이다. 그리고 우리가 바라본 구원의 드라마에서 명품 조연은 결코 주연을 바라지도, 그럴 능력도 없는, 즉 하느님이 될 수도 없고 하느님이 되기를 바라지도 않는 그저 겸손한 여인이었다. 그런 그녀가 누군가에게 나타나서 전한 메시지가 그리스도의 복음보다 중요하다고 믿고 따르는 이들이 있다. 그런 그녀를 만났다고 주장하는 이들은, 구원 드라마의 주인공인 예수님과 한 몸을 이루고 있는 교회의 판단은 묵살한다. 심지어 그녀를 향한 호칭을 교묘히 바꾸어

'하느님의 어머니'가 아닌 '어머니 하느님'으로 만들어 놓는다. 그러고선 하느님은 남자와 여자 둘이 있다고 하며 모성애를 자극한다.

하느님 구원의 드라마에 우리는 한 사람의 등장인물이다. 하느님은 우리를 당신 구원으로 초대했기 때문이다. 하느님의 구원 드라마의 주인공 구세주 예수 그리스도는 등장인물을 드라마 결말까지 이끌고 가신다. 물론 구원 드라마의 결말은 구원의 완성일 것이다. 하느님의 구원 드라마 결말에서 배제되지 않도록, 우리는 명품 조연인 마리아가 온 생을 그리스도를 위해 살아왔던 삶을 본받고자 한다. 그분은 우리 신앙의 가장 뛰어난 모범이기 때문이다.

03 더 읽어보기

『간추린 가톨릭 교회 교리서』
원죄 없이 잉태되신 분

"은총을 가득히 받은"(루카 1,28) 마리아는 태어나는 첫 순간부터 아들 예수 그리스도의 구속 공로를 미리 입어, 죄의 세력으로부터 보호받아 하느님의 아들의 '온전히 거룩한' 거처가 되었다. [⋯] "복되신 동정 마리아께서는 잉태되시는 첫 순간부터 [⋯] 원죄에 조금도 물들지 않게 보호되셨다"(67쪽).

하느님의 어머니

우리가 마리아를 하느님의 어머니로 부르는 것은 성부와 성령께 해당

되는 것이 아니라, 오직 성자께 해당되는 것으로서, "성자께서 하느님이심"을 고백하는 것이다. 다시 말해 동정 마리아에게서 태어나신 예수님께서 바로 하느님이시라는 말이다(67-68쪽).

동정 마리아

마리아는 아들 예수님을 낳기 전에도, 후에도 처녀이다. […] 마리아는 평생토록 동정이셨다. 성경에 나오는 "예수의 형제들"(마태 13,55)은 예수님의 제자였던 "다른 마리아"(마태 28,1)의 아들들이다(마태 27,56 참조). 마리아의 동정성은 예수님의 아버지는 오로지 하느님뿐이고(루카 2,48-49), 우리도 성령으로 새로 태어나며(요한 1,13), 육체의 출생보다 믿음의 실천이 더 중요하다는(마태 12,48-50) 사실을 밝혀준다(68쪽).

하늘에 올림을 받으신 모후

그분은(마리아는) 지상 생활의 여정을 마치신 다음 육신과 영혼이 하늘의 영광으로 올려지셨다. 성모님의 승천은 당신 아드님의 부활에 특별히 참여한 것이며, 다른 그리스도인들의 부활을 앞당겨 실현한 것이다. 성모님께서는 여기에서 그치시지 않고, 이제는 은총의 세계에서 우리 어머니로서 우리를 도와주신다(114쪽).

『가톨릭 교회 교리서』

273항 오직 신앙으로만 전능하신 하느님의 신비한 길을 따를 수 있다. 이러한 신앙은 그리스도의 능력이 자신에게 머무르게 하려고 그 약함을 영광스럽게 여긴다. 동정 마리아께서는 이와 같은 신앙의 가장 뛰어난 모범이시다. 그분께서는 "하느님께는 불가능한 일이 없다."(루카 1,37) 고 믿으셨으며, "전능하신 분께서 나에게 큰일을 하셨습니다. 그분의 이름은 거룩하십니다."(루카 1,49) 하고 주님을 찬양하실 수 있었다.

723항 성령께서는 마리아 안에서 성부의 자비로운 계획을 실현하신다. 동정 마리아는, 성령을 통하여 하느님의 아드님을 잉태하고 낳는다. 성령과 신앙의 힘을 통하여 마리아의 동정성은 독특한 출산력이 된다.

971항 성모 마리아께서는 "교회에서 특별한 공경으로 당연히 존경을 받으신다. 사실 오랜 옛적부터 복되신 동정녀께서는 '천주의 성모'라는 칭호로 공경을 받으시고, 신자들은 온갖 위험과 곤경 속에서 그분의 보호 아래로 달려 들어가 도움을 간청한다.……공경은 교회 안에 언제나 있었던 그대로 온전히 독특한 것이지만, 강생하신 말씀과 똑같이 성부와 성령께 보여 드리는 흠숭의 공경과는 본질적으로 다른 것이며, 또한 그 흠숭을 최대한 도와준다."

1676항 대중 신심을 지키고 후원하며, 경우에 따라서는 이 신심의 기초가 되는 신앙심을 정화하고 바로잡아 그리스도의 신비를 더 잘 깨닫게 하기 위하여 사목적인 식별이 필요하다. 이러한 행사는 주교들의 감독과 판단, 그리고 교회의 일반적 규범을 따라야 한다.

04 우리들의 노력

- 성모님을 하느님과 같이 흠숭하는 것이 아니라, 우리 신앙의 가장 뛰어난 모범으로 공경해야 함을 다시 한 번 기억합니다.
- 성모님의 모든 교리가 예수님에 대한 고백이듯, 우리의 온 삶도 예수님에 대한 고백이 될 수 있도록 노력합니다.
- 교회의 허가 없이 이루어지는 자칭 성모님 관련 단체는 모두 거부되어야 함을 기억합니다.
- 성모님의 겸손을 닮아봅니다.

성사 - 사랑의 만남

01 현상

  사무실에 꽃이 배달되어 왔다. 주인공은 옆자리의 동료. 기념일을 맞아 사랑하는 사람이 보내온 꽃이다. 아름다운 꽃의 향기는 사무실을 가득 채웠고, 그 동료는 꽃으로 사랑하는 사람과의 사랑을 확인한다. 꽃을 보며 사랑하는 사람의 얼굴을 떠올린다.

  그런데 다른 자리의 동료는 얼굴빛이 어둡다. 그도 얼마 전 기념일을 보냈다는 이야기를 들었다. 그의 어두운 얼굴을 보니, 배달 온 꽃이 문제인 것 같다. 그는 기념일에 꽃을 받지 못한 것 같다. 그래서 동료의 꽃을 보고 그때의 화가 되살아난 것 같다. 어두운 얼굴, 붉어지는 볼은 그의 심정을 대변한다.

  그에게 다가간다. 어깨에 손을 얹으며 그를 위로한다. 꽃을 보내는 떠들썩한 이벤트를 하지는 않았지만, 우리는 그의 사랑하는 사람이 분명 좋은 사람이라는 것을 안다. 어깨를 토닥이며 그것을 말해준다. 조금씩 그의 표정이 나아지기 시작한다.

사무실에 배달된 꽃은 사랑하는 사람의 마음을 표현한 것이었다. 그것을 본 다른 동료의 어두운 얼굴빛은 그의 화난 마음의 표현이었다. 그리고 그에게 다가가 어깨를 두드린 것은 그를 위로하고자 했던 이의 마음이다. 보이지 않고, 수치로 증명해낼 수 없는 사랑의 마음, 화난 마음, 위로의 마음을 꽃으로, 표정으로, 어깨를 두드리는 손으로 표현해낸다. 그렇게 우리들은 누군가의 마음을 알아차린다. 그래서 어떤 이들은 하느님은 보이지 않는다고 믿지 않으며, 미사 때 사제가 들어 올리는 성체에 예수님의 눈코입이 보이지 않는다고 예수님일 수 없다고 말한다.

보이는 것만을 믿는다. 눈에 보이는 감각에만 몰두한다. 클릭 몇 번으로 내가 원했던 상황이 눈앞에 펼쳐지길 바라고, 보고, 만지고, 느낄 수 없으면 그것은 실재(實在)하지 않는다고 한다. 하느님을 믿는 신앙도 그러하단다. 하느님도 보여야 믿는다는 것이다. 그래서 눈에 보이는 교주를 하느님으로 믿는다.

02 성사- 사랑의 만남

"친구들아 군대 가면 편지 꼭 해다오. 그대들과 즐거웠던 날들을 잊지 않게." 故 김광석의 노래 〈이등병의 편지〉의 가사다. 군대라는 시간은 헤어짐을 만들었고, 사랑하는 친구들과의 헤어짐이 아쉬워 편지를 부탁한다. 볼 수 없기 때문에 편지로나마 즐거웠던 날들을 기억하기 위해서다.

하느님과 인간의 관계를 떠올려본다. 하느님은 인간을 그토록 사랑하셨다. 그래서 하느님은 늘 우리 곁에 계셨다. 구약의 아담과 하와가 잘못을 저지르고 숨어있던 그 동산에서도, 이스라엘 백성이 이집트를 탈출하고 나온 광야에서도 하느님은 사람들 곁에 계셨다. 사랑했기 때문이다. 하지만 그 사랑은 종종 짝사랑이 되기도 했다. 사람들은 곁에 계신 하느님을 깨닫지 못할 때가 많았기 때문이다. 눈앞에 보이지 않기에 그분의 뜻을 거스른 적도 있었고, 눈앞에 보이지 않기에 눈에 보이는 황금 송아지를 숭배한 적도 있었다. 당신의 사랑인 사람이 당신을 알지 못하고 헤매는 것이 안타까워 드디어 그분은 사람들 앞에 당신을 드러내 보이셨다. 보이지 않던 하느님이 사람과 똑같은 모습으로 사람들 앞에 서셨다. 사람과 똑같은 모습이 아니라면 믿지 못할까봐, 사람과 똑같은 모습으로 우리 삶을 공감하며 오셨다. 똑같은 모습으로 사랑을 보여주셨다. 배고픈 이들의 배를 채워주셨고, 아픈 이들의 병을 낫게 해주셨고, 슬퍼하는 이들을 위로해주셨고, 하느님께는 불가능한 것이 없음을 보여주셨다.

그분은 사람으로 오셨기에 모든 인간과 같은 운명을 받아들이셔야 했다. 헤어짐이었다. 죽음이었다. 하지만 죽음이 끝이 아님을 알려주셨다. 그 만남이 헤어짐으로 끝나지 않으리라는 것을 보여주신 것이다. 죽음을 이긴 부활로, 하늘로 오르시고 다시 오시겠다는 약속으로, 그 헤어짐이 끝이 아님을 알려주셨다. 이제 우리는 예수님과 즐거웠던 날들을 잊지 않고자, 그분과 얼굴을 맞댈 날을 기다리며 그분 흔적이 표징으로 담겨있는 거룩한(聖) 행위(事) 안에서 그분을 미리 만난다. 늘 함께 계셨던 그대로 지금도 함께 하시는 그분을 만난다.

그런데, 예수님과의 만남을 깨닫지 못하는 이들이 있다. 하느님의 표징은 군대 간 이가 편지를 읽으며 즐거운 날을 기억하는 것만으로 머물지는 않는데, 오히려 직접 만나고, 만나다 못해 그분을 우리 몸 안에 모실 수 있는 기회가 주어졌는데, 그것을 깨닫지 못하는 이들이 있다. 자세히 바라보면 성경에 쓰여 있고, 성경을 교회가 증거하는데도 그것을 깨닫지 못하는 이들이 있다. 또 한편으로, 하느님과의 만남의 기회를 무거운 의무와 구속으로 느끼는 이들도 있다. 우리를 그토록 사랑해서 우리를 만나려고 기다리는 그분은 얼마나 안타까워하실까.

우리는 하느님과의 즐거운 만남의 날로 늘 초대받는다. 성체를 통해서 우리에게 직접 찾아오시고, 우리와 하나 되기를 갈망하는 그분 사랑의 초대이다. 그 초대에 응답하기 위해 하느님의 사랑으로 다시 태어나야 하고(세례), 성장하여 믿음을 굳건하게 해야 하며(견진), 만남을 가로막는 잘못의 용서를(고해), 육신과 영혼의 건강을(병자) 청해야 한다. 그 만남은 이 땅 위에서 중개자를 통해 이뤄지며(성품), 그 사랑의 만남을 닮아가고자 신랑과 신부는 사랑을 약속한다(혼인). 그 만남이 이제 우리 앞에 성체성사로 마련되어 있다. 우리 모두는 성체성사로 초대받았다.

하느님의 은총을 드러내는 표징, 모든 은총을 담아내는 그릇과도 같은 성사는 천상에서 이루어질 하느님과의 완전한 만남의 약속의 초대이며, 그 만남을 앞당겨 이뤄내는 보증이다. 우리에게 주어진 절호의 찬스다. 그분을 직접 만나 사랑을 나눌 최상의 기회다. 그것은 편지를 읽으며 어렴풋이 즐거웠던 날들을 상상하는 것에 그치는 것이 아니다. 편지를 뛰어넘는 생명의 표징을 통해 그분을 직접 만나는 영광이며, 그분의 다시 오심으로 이루어질 구원이 확실하다는 것을 눈앞에서 바라보게 되는 기쁨의 초대인 것이다. 우리 모두는 사랑의 만남으로 초대받았다.

03 더 읽어보기

『간추린 가톨릭 교회 교리서』
성사는 무엇입니까?
성사는 그리스도께서 세우시고 교회에 맡기신 은총의 유효한 표징으로서, 이 표징들을 통하여 하느님의 생명이 우리에게 베풀어집니다(137쪽).

구원의 성사
성사마다 베풀어지는 고유한 은총을 '성사의 은총'이라고 한다. 성사의 은총은 우리 구원에 꼭 필요하다. 마치 불에 닿는 모든 것이 불로 변하듯이, 성령께서 성사를 통하여 베푸시는 은총은 모든 것을 하느님의 생명으로 변화시킨다(136쪽).

영원한 생명의 성사
우리는 "주님께서 다시 오실 때까지"(1코린 11,26) 주님의 신비를 기념한다. 주님의 재림을 열렬히 기다리면서 성사를 거행한다. 이토록 엄청난 선물인 성사도 새 하늘 새 땅에서 누릴 천상 전례와는 비교가 되지 않기 때문이다. 그렇지만 우리는 교회의 성사들 안에서 영원한 생명의 보증을 받으며, 이를 앞당겨 누린다(136쪽).

교회의 성사는 그리스도께서 세우셨다. 성사의 근거 또는 근원은 우리를 위하여 당신 생명을 희생 제물로 바치시고 부활하신 그리스도이시다. 만일 그리스도, 그분의 죽음과 부활이 없으면 교회의 성사도 있을 수 없다. 성사의 은총은 그리스도의 죽음과 부활에서 나오는 것이기 때문이다. 나아가 성사는 그리스도의 죽음과 부활이라는 구원 업적에 참여하는 것이다(136쪽).

성사는 보이지 않는 은총을 나타내는 보이는 표징이 있다. [⋯] 보이지 않는 하느님께서 보이는 인간이 되신 것도 이 때문이다. 그래서 우리는 그리스도를 하느님의 성사라고 부른다(136쪽).

성사는 그저 표징에 지나지 않는 것이 아니라 그 표징이 나타내는 실재, 곧 주님의 죽음과 부활로 이루어진 구원의 은총을 실제로 베풀어 준다. 각 성사마다 그 성사 고유의 은총이 풍부히 베풀어진다(136쪽).

『가톨릭 교회 교리서』

1116항 성사들은 언제나 살아 계시며 생명을 주시는 그리스도의 몸에서 "나오는 힘"이요, 그리스도의 신비체인 교회 안에서 일하시는 성령의 행위이다. 성사들은 새롭고 영원한 계약 안에서 이루어지는 '하느님의 걸작'이다.

1124항 교회의 신앙은 그 신앙에 초대된 신자들의 신앙에 앞선다. 교회는 성사를 거행하면서 사도들에게서 받은 신앙을 고백한다. 그래서 "기도하는 대로 믿는다."(또는 5세기 프로스페루스 아퀴타누스가 말한 "기도의 법칙은 신앙의 법칙을 세운다.")는 옛 격언이 생긴 것이다. 기도의 법은 신앙의 법이며, 교회는 자신이 기도하는 대로 믿는다. 전례는 살아 있는 성전(聖傳)을 구성하는 요소이다.

04 우리들의 노력

- 성사에 자주 참여합니다.
- 예수님의 모실 기회에 감사하며 성체성사에 자주 참여합니다.
- 죄에 걸려 넘어진 우리를 용서해주는 하느님의 은총의 성사인 고해성사에 자주 참여합니다.
- 성사에 참여하기 전 믿음의 마음을 다해 준비합니다.
- 하느님의 사랑이 이루어지는 만남의 기쁨을 알지 못하는 이들에게 전합니다.

22

성체성사 – 구원의 보증

01 현상

01-1. 일생을 하느님을 열심히 믿어왔던 노(老) 자매님. 젊은 시절부터 성당에서 하는 봉사에 빠진 적이 없고 기도도 열심인 자매님이다. 자매님의 신앙은 언제나 하느님 나라를 향한 열망으로 가득했다. 그렇게 신앙생활을 열심히 하면서도 '마지막 날에 하느님께서 부족한 자신을 받아주실까?' 하는 마음으로 날마다 자신을 돌아보며 살아가신 분이었다.

그렇게도 하느님을 사랑하면서 살아갔던 자매님의 삶을 누군가 함부로 판단한다. 열심히 신앙생활을 하면서도 구원에 대한 확신이 없는 것은 안타까운 일이라고 자매님의 믿음을 판단한다. 과연 지금까지 자매님의 믿음은 부족한 것이었을까?

01-2. "14만 4천 명만 구원받을 수 있으니 어서 그 안에 들도록 이곳으로 오세요!"라며 사람들을 불러 모은다. 요한 묵시록이니, 구원자가 살

아있다느니 하면서 사람들을 선동한다. 그들이 세뇌시킨 구원이라는 믿음으로 그곳에 있는 사람들은 행복하단다. 자신은 14만 4천 명 중 한 명에 들었기 때문이다. 그런데 14만 4천 명 중 한 사람이 되어 그들이 말한 조건들을 다 채웠음에도 아무 일도 일어나지 않는다. 당장 세상에 종말이 와서 14만 4천 명만 살아남을 것 같았는데 아무 일도 일어나지 않는다. 그들이 말하는 구원은 무엇일까?

01-3. 성경은 진리이기 때문에 성경을 깨달아 믿기만 하면 구원받을 수 있다고 한다. 성경 자체가 진리이기 때문에 저마다 성경을 자신들 나름대로 가르친다. 자신들의 집단이 구원받을 수 있는 집단인 이유가 성경에 담겨 있다고 구절구절을 인용하여 설명한다. 듣다 보니 그런 것 같다. 모든 것이 성경과 딱딱 들어맞는 것 같다. '아! 구원이 여기에 있구나'라고 생각하려던 참에, 말씀이 사람이 되시어 우리 가운데 살아 계신 예수님을 증언하는 요한복음이 떠올랐다. 그리고 예수님의 삶과 그분께서 구원으로 이끄시는 교회의 역사는 성경책만으로 모두 설명할 수 없다는, 성당에서 배웠던 가르침이 생각났다. 맞다, 성경의 글자가 나를 구원하는 것이 아니라 내가 모시는 성체, 살아계신 하느님을 모시고 그분과 일치를 이루는 성체성사가 나를 구원으로 초대하고 있다.

02 성체성사- 구원의 보증

"교통사고나 차량 도난으로 발생한 손해를 보상해드립니다. 사고 시

치료비 및 차량 수리비를 보장해드립니다."

재해나 각종 사고가 일어나 생기는 경제적 손해에 대비해서 미리 일정한 돈을 적립해 두었다가 사고를 당했을 때 일정 금액으로 손해를 보상하는 제도를 일컬어 보험이라고 한다. 보험은 그 종류만도 여러 가지이고, 그것을 운영하는 회사도 여러 군데이다. 그러다보니 보다 좋은 조건을 내세워 가입을 권유하는 보험 상품 광고들을 우리는 쉽게 접할 수 있다. 자신들의 보험에 가입하면 사고를 당했을 때 높은 보상을 '보장'해준다는 광고들이다. 광고의 문구는 확신에 넘친다. 보다 믿음직스러운 상품을 선택한다. 보장해주겠다는 약속에, 물론 사고가 일어나서는 안 되겠지만, 사고가 일어난다 해도 받을 수 있는 보상에 마음이 든든하다.

보험이 갑자기 찾아올지 모르는 불행 앞에서 보상을 보장해준다면, 우리에게는 영원한 생명을 보장받는 순간 또한 있다. 영원으로부터 우리를 구해내시고, 지금도 우리 곁에서 우리를 행복으로 이끌어주시며, 죽음을 넘어선 부활로 우리의 생명을 구해주실 구원을 확실히 보장받는 순간이다. 자비를 입고 하느님과 일치를 이루고, 하느님께서 우리를 얼마나 사랑하시는지를 확인하는 순간이다. 그 안에서 그리스도 예수님을 받아 모시어 마음을 은총으로 가득 채우는 순간이며, 미래 영광을 보증받는 순간, 이는 바로 성체성사의 순간이다.

예수님께서는 잡히시기 전날, 제자들과 함께 한 마지막 식사 자리에서 빵과 포도주를 나누어 주시며 이것은 당신의 몸과 피로서, 이 빵을 먹고 이 잔을 마실 때마다 당신의 죽음을 선포하라 하셨다. 이제 빵과 포도주는 더 이상 그것으로 남지 않고, 살아있는 생명의 빵인 예수 그리스도의 몸으로, 그리고 영원한 구원의 약속을 완성시키고자 우리를 위해 흘리신 그리스도의 피로 변화되었다. 그것을 기념하고, 감사하며, 축제를 거행하는 잔치가 바로 성체성사이다.

성체 안에 실제로 계신 예수님을 만날 수 있음은 우리가 받은 가장 큰 선물이다. 우리와 항상 함께 하고 싶으셨던 하느님의 함께 하심의 방식이다. 그분의 몸과 피를 볼 수 있고, 만질 수 있다 못해 맛볼 수 있는 기회를 우리는 성체성사를 통해 맞이하게 된다.

성체성사로 우리는 영혼의 풍요 속에 살아간다. 하지만 우리는 하느님 나라에 이르는 순간까지 계속해서 허기를 달래야 한다. 죽음을 넘어선 부활의 영원한 생명을 완성시키고자 주님께서 다시 오실 때까지 우리는 끊임없이, 자주 성체를 모시며 예수님을 만나고 그 만남으로 영혼의 허기를 달래야 한다. 하지만 그것은 우리에게 부족함을 남기지 않는다. 왜냐하면 우리가 받아 모신 성체는 다가올 미래의 구원의 약속이며 구원의 보증이기 때문이다. 구원을 미리 맛보는 것이다. 구원을 확실히 보장받는 것이다. 이 얼마나 든든한 순간인가.

구원의 완성은 하느님 나라에서 이루어진다. 그리고 성체 안에서 예수님께서는 우리에게 구원을 앞당겨 보장해주신다. 그래서 우리의 신앙은 '이미 구원을 받았다'라는 섣부른 판단이 아닌 '구원의 보증을 받았다'라는 고백을 통해 하느님 나라에 대한 확신에 기뻐한다.

"저는 구원을 받았습니다! 여러분도 예수 믿고 구원받으세요!"라고 거리에서 자신감 넘치게 외치는 이들 앞에서 주눅들 필요는 없다. "그곳에는 구원이 없어요! 우리 집단에만 구원이 있어요!"라는 말에 현혹될 필요도 없다. 많은 이들이 그토록 찾고 있는 주님, 예수님을 우리는 날마다 만나고 있다. 그분께서는 우리와 결합하여 항상 우리와 함께 하신다. 그분을 받아 모신 우리는 하나 된 사랑의 일치 속에서 살아간다. 이제 우리 안에 그리스도께서 사시는 것이다.

그리스도의 몸과 피를 받아 모심은 영원한 생명의 구원에 대한 확실한 보증이다. 하느님께 자유와 책임을 선사받은 지상의 시간에서는 그 완성을 마주할 수는 없다. 그 완성을 섣불리 맞이하고자 하는 욕심에 저마다 자신이 구원자라고 일컫던 이들은 죽음을 넘어선 부활을 이루지 못했고, 자신을 따르는 이들을 도와 건져주기는커녕 자신의 이익만 챙겨 달아나 버렸다. 우리는 그들 앞에서 고백해야 한다. "다가올 영원한 생명의 보증이 여기 성체성사 안에서 이루어지며, 우리는 구원의 보증을 받았습니다." 우리는 그 확신과 기쁨 속에 살아가는 그리스도인임을 기억하자.

03 더 읽어보기

『간추린 가톨릭 교회 교리서』
성체성사는 주님의 현존이다
주님께서는 이 성사 안에 계신다. "내 몸이다. 내 피다" 하신 것은 당신 자신을 두고 하신 말씀이다. 우리는 주님께서 이 성사 안에 친히 참으로, 곧 실제로 계심을 믿는다. 일찍이 요한 크리소스토모 성인은 이렇게 증언하였다. "봉헌물들을 그리스도의 몸과 피가 되게 하는 것은 인간이 아니라, 우리를 위하여 십자가에 못 박히신 그리스도 바로 그분이십니다. 그리스도의 대리자인 사제가 말하지만, 그 말의 효력과 은총은 하느님에게서 나옵니다. '이는 내 몸이다' 하시는 그리스도의 말씀이 봉헌물들을 변화시킵니다." 우리는 성체를 모실 때마다 실제로 그리고 실체적으로 주님과 하나가 된다(163쪽).

성체성사는 다가올 영광의 보증이다

성찬례는 주님 파스카의 기념이고, 영성체로 하늘의 온갖 은총과 축복을 가득히 받으므로 천상의 영광을 미리 누리는 것이기도 하다. 주님께서는 제자들의 시선을 하느님 나라에서 이루어질 파스카의 완성으로 향하게 하셨다. "내가 너희에게 말한다. 내 아버지의 나라에서 너희와 함께 새 포도주를 마실 그날까지, 이제부터 포도나무 열매로 빚은 것을 다시는 마시지 않겠다"(마태 26,29). 교회는 성찬례를 거행할 때마다 이 약속을 기억하며 "오실 분"(묵시 1,4)을 기다린다. "복된 희망을 품고 구세주 예수 그리스도의 재림을 기다리는" 우리에게 성찬례보다 더 확실한 보증과 더 분명한 징표는 없다(163-164쪽).

『가톨릭 교회 교리서』

1323항 "우리 구세주께서는 팔리시던 그 밤에 최후 만찬에서 당신 몸과 피의 성찬의 희생 제사를 제정하셨다. 이는 다시 오실 때까지 십자가의 희생 제사를 세세에 영속화하고, 또한 그때까지 사랑하는 신부인 교회에 당신 죽음과 부활의 기념제를 맡기시려는 것이었다. 이 제사는 자비의 성사이고 일치의 표징이고 사랑의 끈이며, 그 안에서 그리스도를 받아 모시어, 마음을 은총으로 가득 채우고 우리가 미래 영광의 보증을 받는 파스카 잔치이다."

1402항 교회는 옛 기도문에서 성찬의 신비에 대해 이렇게 환호한다. "오, 거룩한 잔치여, 우리는 그리스도의 몸을 영하며, 그분의 수난을 기념하고 은총으로 가득 차며, 다가올 영광의 보증을 받는도다." 성찬례는 주님 파스카의 기념이고, 우리가 제대에서 받아 모시는 성체를 통하여 "하늘의 온갖 은총과 축복"을 가득히 받으므로, 성찬례는 천상의 영광을 미리 누리는 것이기도 하다.

1403항 최후의 만찬 때에 주님께서는 제자들의 시선을 하느님 나라에서 이루어질 파스카의 완성으로 향하게 하신다. "내가 너희에게 말한다. 내 아버지의 나라에서 너희와 함께 새 포도주를 마실 그날까지, 이제부터 포도나무 열매로 빚은 것을 다시는 마시지 않겠다"(마태 26,29). 교회는 성찬례를 거행할 때마다 이 약속을 기억하며 "오실 분"(묵시 1,4)께 눈길을 돌린다. 교회는 "마라나 타!"(1코린 16,22), "오십시오, 주 예수님!"(묵시 22,20) 하고 그분께서 오시기를 청하는 기도를 드린다. "은총은 오고 이 세상은 지나가기를!"

1404항 교회는 주님께서 지금도 당신의 성체성사 안에 오시고, 성체 안에서 우리 가운데 계심을 알고 있다. 그러나 이 현존은 가려져 있다. 그러므로 우리는 "복된 희망을 품고 구세주 예수 그리스도의 재림을 기다리면서" 성찬례를 거행하며 기도한다. "저희도 거기서(당신 나라에서) 주님의 영광을 영원히 함께 누리게 하소서. 저희 눈에서 눈물을 다

씻어 주실 그때에 하느님을 바로 뵈오며, 주님을 닮고 끝없이 주님을 찬미하리이다.”

1405항 정의가 깃든 새 하늘과 새 땅에 대한 이 큰 희망에 대하여 성찬례보다 더 확실한 보증과 분명한 징표는 없다. 실로 이 신비가 거행될 때마다 “우리의 구원 활동이 이루어지고”, “영생을 위한 약이요 죽지 않게 하는 해독제이며 영원히 예수 그리스도 안에서 살게 하는 빵을 나누어 먹는다.”

04 우리들의 노력

- 다가올 영광에 미리 참여할 수 있는 성체성사에 자주 참여합니다.
- 성체를 모심으로써 받은 구원의 보증에 대한 확신을 기억합니다.
- 성체를 바라보고 기도하는 성체조배를 통해서 살아계신 하느님과의 만남을 이룹니다.
- 성체를 모신 우리는 하느님을 모신 이들로서 세상에서 하느님의 모습을 드러내도록 노력합니다.

23

전례 - 함께 나누는 일

01 현상

01-1. 성당에 처음 나왔을 때는 언제 앉아야 하는지, 언제 일어나야 하는지도 알 수 없었다. 미사 시간은 미사 설명을 따라 읽느라 분주한 시간이었다. 그러다 차츰 미사 안에서 기도를 드릴 수 있었다. 빵과 포도주가 예수님의 몸과 피를 이루는 순간 내 무릎은 절로 굽혀졌고, 예수님의 몸을 모시는 순간 내 마음은 뜨거워졌다. 그랬던 내가, 지금은 "귀찮은데 이번 주는 가지 말까?" 주일 아침만 되면 고민한다. "안가면 고해성사 봐야 하는데, 고해성사는 좀 귀찮으니까, 그냥 갈까?"라는 식으로 성당을 향해 나선다.

01-2. 정성껏 미사를 봉헌했다. 오늘은 신부님의 강론 말씀도 집중해서 들었고, 성체를 모시고 자리로 돌아와 앉아 마음을 다하여 기도했다. 하느님의 사랑을 느꼈고, 이웃에게 사랑하고자 하는 마음을 다지

는 시간이었다. 미사가 끝나고 집으로 가고자 주차장에서 차를 몰고 빠져나온다. 그런데! 미사가 끝나고 몰려든 사람들과 차들은 주차장에 뒤엉켜있다. '빨리 집에 가야하는데!'라는 생각에 경적을 세게 누른다. 내가 먼저 빠르게 나가고 싶은 마음에, 잠시 기다리며 내 차 앞자리를 누군가에게 내어주는 양보는 좀처럼 생각도 들지 않는다. 그러다 문득 등줄기가 뜨거워진다. 나만 앞서가려 했고, 타인을 배려하지 않은 그곳은 바로 성당의 주차장이었다. 그리고 나는 미사를 마치고 돌아가는 길이었다.

02 전례- 함께 나누는 일

'기쁨은 나누면 배가 되고 슬픔은 나누면 반이 된다'는 말이 있다. 사람이 살아가면서 누군가와 함께 하고, 함께 한 누군가와 친교를 나누는 것은 사람의 관계에서 무척이나 중요한 일인 것이다. 사람 사이에서도 기쁨은 나누면 배가 되고 슬픔은 나누면 반이 되는데, 하느님과 우리 사이에 기쁨과 슬픔을 나눈다면 하느님께서는 슬픔을 없애주고 기쁨을 지속시켜 주시지 않을까? 하느님과의 기쁨과 슬픔의 나눔, 그 일에 참여하는 기회가 우리에게 마련되어 있다. 바로 '전례'를 통해서다.

전례는 하느님의 백성인 우리가 하느님의 일에 '참여'함을 의미한다. 하느님의 일에 대한 참여는 '만남'으로 시작된다. 기쁨과 슬픔을 나누기 위한 만남, 그것이 이루어지는 순간이 전례의 순간인 것이다. 하느님은 우리를 위해서 일하시기 때문에 우리가 하느님의 일에 참여한다면 그 만남은 완성을 이룰 것이다. 만남의 완성은 우리가 참여하는 전례 안에서 이루어지는 것이다.

예수님은 당신의 죽음과 부활을 통해서 우리를 영원한 생명으로 초대하셨다. 죽음의 슬픔을 없애고 부활의 기쁨을 나누고자 당신의 일에 참여하도록 우리를 초대하셨다. 생명의 만남이 이루어지는 그곳은 말씀의 식탁과 성찬의 식탁이 차려져 있다. 말씀의 전례와 성찬의 전례가 이루어지는 미사 전례에 참여함으로써 우리는 예수님과의 완전한 만남을 이루게 되고, 우리의 기쁨과 슬픔에 함께 하시는 하느님의 일에 완전히 참여하게 된다. 그래서 모든 성사와 교회의 기도인 성무일도, 그리고 성체를 찬미하는 전례가 미사, 곧 성체성사를 향하고 있는 것이며, 따라서 미사는 전례의 중심인 것이다.

그런데 하느님을 믿으며 전례에 참여하기를 게을리 하는 이들이 많다. 사랑하는 이가 나를 초대하고 나는 응답하기만 하면 그 만남은 이루어질 수 있는데, 사랑한다고 말하면서도 만나려 하지 않는 것과 같은 게으름이다. 때론, 하느님께서는 나만을 위해 일해야 한다고 생각하기도 한다. 하느님은 나에게 행복만을 가져다주어야 하는 분이고, 하느님은 나를 배부르게 해야만 하는 분이라고 생각한다. 그러면서 자신이 그분의 일에 참여할 마음은 갖지 않는다. 만남은 서로의 마음과 노력으로 이루어진다. 그리고 그곳에서 친교가 피어난다. 전례 안에서 누리는 친교는 단지 하느님께서 나에게만 베풀어야 하는 일방적인 친교일 수 없다. 하느님과의 만남을 맞이하고자 몸과 마음을 준비하고, 하느님께서 나를 위해 일하실 수 있도록 내가 하느님의 일에 기쁘게 참여하는 것이, 친교의 만남을 완성할 수 있는 전례에의 참여인 것이다.

전례 안에서 이루어지는 하느님과의 만남은 천상에서 이루어질 하느님과의 완전한 만남을 미리 앞당겨준다. 슬픔은 사라지고 기쁨만이 가득할, 죽음은 사라지고 영원한 생명만이 있을 하느님 나라를 지금 여기서 미리 맛볼 수 있다면 그 얼마나 설레는 초대일까. 우리 모두는 그곳으로 초대받았다.

'혼밥', '혼술'이 유행이라지만 사람은 결코 혼자서만 살아갈 수 없는 존재이다. 기쁠 때도, 슬플 때도 누군가와 함께 하고자 하는 것은, 홀로 살아갈 수 없는, 아니 누군가와 함께 하고 싶어 하는 인간의 마음일 것이다. 전례는 또한 함께 함을 드러낸다. 전례가 이루어지는 그곳에 교회가 자리하는 것도 하느님께서 당신 백성인 교회 공동체와 함께 하시기 때문이다. 미사 안에서 내 옆의 형제자매와 친교를 나누고, 공동체가 하느님과 친교를 이룬다. 전례에 참여하는 교회 공동체는 세상 속의 친목회도 산악회 모임도 아닌, 하느님과 친교를 나누는 새로운 공동체다. 기쁨과 슬픔을 넘어선 '생명'을 나누는 공동체이니 말이다.

경건하게 하느님의 일에 참여한 후 우리는 성당의 문을 열고 세상으로 나아간다. 파견된다. 어둠이 있는 곳에 빛을 밝히고, 하느님을 모르는 곳에 하느님을 전한다. 사랑이 필요한 곳에 예수님의 사랑을 나누고, 불목이 자리한 곳에 하느님과 이룬 친교를 나눈다. 그래서 지상과 천상, 세상과 교회를 잇는 신앙인의 삶의 원천은 전례에서 나온다고 하는 것 같다.

03 더 읽어보기

『간추린 가톨릭 교회 교리서』

전례는 하느님의 백성이 '하느님의 일'(요한 5,17-19; 10,36-38; 17,4)에 참여함을 의미한다. 우리 구속자이시고 대사제이신 예수 그리스도께서는 전례를 통하여 당신 교회 안에서, 교회와 함께, 교회를 통하여 우리의 구속을 위한 일을 계속하신다. 전례로써 우리는 그리스도의 말씀 안에서, 그리스도와 함께, 그리스도를 통하여 하느님께 대한 예배(사제직), 말씀의 선포(예언자직), 사랑의 봉사(왕직)이라는 하느님의 일에 참여한다(133쪽).

전례의 원천이시며 목적이신 성부

성부께서는 온갖 복의 원천이시며, 우리에게 복을 내려 주시는 아버지이시다. "하느님께서는 그리스도 안에서 하늘의 온갖 영적인 복을 우리에게 내리셨습니다"(에페 1,3). 하느님의 축복은 교회의 전례에서 온전하게 드러나며 전달된다. 그리고 우리는 복을 내려 주시는 하느님께 찬미를 드린다. […] 따라서 전례란 하느님 아버지께서 복을 내리시고 그 자녀들이 아버지께 찬미를 드리는 것이라 할 수 있다(134쪽).

전례에서 이루어지는 그리스도의 행위

전례는 바로 그리스도의 파스카 신비를 나타내고 실현한다. 특히 성찬례를 통하여 그리스도께서는 오늘도 당신 파스카에 우리를 참여시키신다. 돌아가시고 부활하신 그리스도께서는 처음부터 교회의 전례에 현존하시며, 이로써 지상 전례는 천상 전례가 된다(134쪽).

전례 안에서 일하시는 성령

성령께서는 전례 안에서 우리를 깨우쳐 주시는 스승이시고, 하느님의 일을 이루어 내시는 장인(匠人)이시다. […] 우리가 전례에서 그리스도를 만날 수 있도록 준비시켜 주시는 분도 성령이시고, 전례에서 선포되는 말씀을 깨닫게 하시는 분도 성령이시며, 전례로써 기념되는 그리스도의 신비를 이루어 주시는 분도 성령이시다(134쪽).

『가톨릭 교회 교리서』

1071항 그리스도의 행위인 전례는 당신 교회의 행위이기도 하다. 전례는 교회가 그리스도를 통하여 하느님과 인간이 이루는 친교를 볼 수 있는 표징이 되게 하고 이를 드러낸다. 전례는 신자들을 새로운 공동체 생활로 이끌며, 모든 사람이 "잘 알고, 능동적으로 또 효과적으로" 참여하도록 요구한다.

1072항 "거룩한 전례가 교회 활동의 전부는 아니다." 전례에 앞서 복음 선포와 신앙과 회개가 먼저 이루어져야 한다. 그래야 비로소 전례는 신자들의 생활 안에서 열매를 맺을 수 있다. 그 열매는 바로 성령에 따르는 새로운 삶, 교회 사명에 참여, 그리고 교회의 일치를 위한 봉사이다.

1073항 전례는 또한 성령 안에서 성부께 드리는 그리스도의 기도에 참여하는 것이기도 하다. 그리스도인의 모든 기도는 전례에서 시작되고 전례로 완성된다. 인간은 전례를 통하여, 하느님 아버지께서 사랑하는 당신 아들 안에서 "우리를 사랑하신 그 큰 사랑"(에페 2,4) 안에 뿌리를 내리고, 그 기초 위에 내적으로 서게 된다. 우리는 "늘 성령 안에서"(에페 6,18) 모든 기도를 통하여 "하느님의 놀라운 일"을 생활화하고 내면화한다.

04 우리들의 노력

- 미사에 참여하기 전에 독서와 복음 말씀을 먼저 읽어봅니다.
- 전례에 참여하고자 성당에 들어가기 전, 회개하는 마음으로 우리 자신을 돌아봅니다.
- 전례를 통해서 우리와 함께 일하시는 하느님을 만납니다.
- 그리스도인의 모든 기도는 전례에서 시작되고 전례로 완성됨을 기억하며 전례에 참여합니다.
- 전례는 교리 교육을 위한 가장 첫 번째 자리이므로, 하느님을 알고자 한다면 그분과의 만남을 먼저 이루도록 노력합니다.
- 전례의 참여를 부과된 의무로 생각하지 말고 우리를 향한 하느님의 초대임을 기억합니다.
- 전례에 참여하고 세상으로 나아가는 우리는, 세상에 하느님과의 친교를 전하고자 노력합니다.

윤리 - "사랑하여라"(요한 15,12)

01 현상

대상을 선택한다. 요즘 회사에서 늘 표정이 좋지 않은 동료가 좋겠다. 먼저 그가 어떤 일로 얼굴빛이 어두운지를 조사한다. 사람들은 최근 업무 실적이 좋지 않아 회사로부터 질책을 자주 받아왔다고 한다. 그리고 가정 상황도 좋지 않다는 이야기를 들었다. 어려움이 많은 동료였다. 비교적 쉬운 대상이다. 그의 어려움들과 그가 좋아하는 것을 꼼꼼히 노트에 적어둔다. 그리고 그에게 다가간다. 또 질책을 받고 부장님 책상에서 돌아서는 그에게 다가간다. 좋은 기회다. 그에게 커피 한 잔을 권하며 이야기를 나눌 기회를 만든다. 처음에는 낯설어 했지만, 회사에서 기댈 곳이 없었던 그는 천천히 나에게 마음을 열기 시작했다. 회사에서의 어려움을 귀담아 들어주고 가정에서의 어려움도 함께 나눴다. 그리고 그 어려움을 벗어날 방법을 함께 고민했다. 때로는 회사 동료로, 때로는 친구로 지냈고 이제 충분히 가까워졌다.

그는 성당에 다닌다고 들었다. 성당에 관한 이야기를 꺼내 봤다. 천주교 신자라지만 성당에 열심히 다니지는 않는 듯 보인다. 신앙에 대해서 이야기를 나눠보니 그에게는 특별한 신앙의 체험이 없는 것 같다. 그에게 나의 하느님 체험을 나눠준다. 교회에 갈 때마다 행복하고 교회에 나가서 구원을 받았기 때문에 지금 회사에서의 어려움은 나에게 걸림돌이 되지 않는다는 것을 그에게 말했다. 그리고 조금씩 우리 교회에 흥미를 갖게 해줬다.

이제 그는 내가 하는 말이면 무엇이든 잘 받아들인다. 때가 됐다. 우연한 기회에 성경 말씀을 알려줄 수 있는 선교사와의 만남을 유도한다. 나와 친한 선교사라고 하니 그도 의심하지 않는다. 함께 한 번, 두번 만나 성경에 관해 이야기를 나누고 신앙의 체험을 나눴다. 이제 됐다. 그는 유사종교 이단 분파에 들어가기 위해 준비하는 공부방(복음방)에 학생으로 등록되었다. 그리고 나는 전도 실적을 하나 쌓게 됐다. 나의 접근 방법이 불순했어도, 내 사랑이 가식적이었어도 실적을 올렸으니 그것으로 됐다. 이제 조금 있으면 그도 나처럼 사람들을 찾아 나설 것이다. 그때 나를 조금이라도 이해해주지 않을까? 나는 이제 또 누구를 끌어들여야 할까?

02 윤리 - "사랑하여라."(요한 15,12)

휴일에도 학원 버스를 기다리는 아이가 있다. 오늘은 영어, 내일은 독서, 모레는 수학 학원을 간다. 친구들과 운동장을 뛰어 놀 시간도 없이 '훌륭한 사람'이 되기 위해 그에게 주어진 스케줄은, 친구와 경쟁해 '더 훌륭한' 사람이 되기 위한 과정이었다. 학원을 마치고 집에 돌아와서는 숙제를 해야 했고, 그렇게 그의 어린 시절은 흘러가고 있었다. 그러나 시간이 지날수록 그때가 좋았다 싶은 생각이 든다. 성장이라는 과정은 이 아이에게 너무나 큰 무게로 다가왔다. 초등학교에서 중학교, 중학교에서 고등학교를 진학하는 과정은 오직 좋은 대학에 입학해야 한다는 지상 최고의 목표를 이루는 과정일 뿐이었다. 집은 잠만 자는 곳일 뿐, 부모님과의 시간도 형제와의 대화도 대학 입학 이후로 미루고 지냈다. 대학에 입학했다. 대학만 입학하면 내 삶은 밝게 변할 것이라 기대했다. 친구들과 캠퍼스를 누비고, 취미도 즐기면서 그동안 하지 못했던 것을 모두 할 수 있을 것이라 생각했다. 그런데 그것도 잠시, 학년이 올라갈수록 마음은 조급해졌다. 토익 시험, 자격증 시험 준비에 학점 관리는 급해졌고 친구들과의 만남도 점점 줄어들었다. 부모님께 손 벌리지 않기 위해서 알바 하나쯤은 당연한 일이었다. 좋은 직장에 취업하면 돈 많이 벌어서 그때 다시 즐기자는 마음으로 취업 준비에만 전념한다. 그리고 원하던 직장에 들어갔다. 하지만 그곳은 성과로 평가받는 더욱 치열한 곳이었다. 계속해서 달려오기만 했던 그도 이제 지쳤다. 그렇게 쓰러져있는 그의 옆에서 손을 내미는 이가 다가온다. 성과와 경쟁만이 있는 세상이 아닌 마음을 나눌 수 있는 따뜻한 세상이 있다는 것을 가르쳐준다. 나를 사랑해준다. 차갑고도 치열한 세상에 '사랑'이라는 단어가 끼어들 틈이 없어 보일 때, 누군가가 내민 손은 금세 마음을 따뜻하게 해준다. 성공한 사람과 '더' 성공한 사람을 비교하지 않는 사랑 앞에 그의 굳었던 마음은 살며시 녹아내린다. 그런데 그 사랑은 단지 계획된 연극이었다.

유사종교 이단 분파는 하느님의 사랑을 가장해 그들의 이익을 뒤에 숨기고 다가온다. 대학 생활에서 어려움을 겪고 있는 청년에게, 취업의 좁은 문을 통과하고자 애쓰는 취업 준비생에게, 회사에서 업무 성과를 내지 못해 불안해하는 회사원에게 늘 다가갈 준비를 해왔다. 서로 역할을 짜서 대본을 만들었고 목표를 선택했다. 회사 동료라는 가면을 쓰고 목표 대상에게 다가가 어려운 마음을 위로해주고, 업무 성과를 낼 수 있는 능력을 알려줄 다른 사람을 소개해준 후, 그와 함께 셋은 동료애로 똘똘 뭉친 인간관계를 맺는다는 시나리오다. 그리고 목표 대상이 자신의 온 마음을 열어줄 즈음 자신들의 집단을 소개하고 그곳으로 끌어들이는 것이다. 그것이 그들의 사랑이다. 차가운 세상에서 따뜻함을 맛본 대상은 그들의 청을 거절할 수 없다. 오히려 그들이 속해있는 교회는 더욱 사랑이 넘칠 것이라 생각하고 그곳으로 간다. 하지만 시간이 지나니 사랑이라는 가면은 벗겨졌고, 그들은 누군가를 더 끌어들이기 위한 시나리오를 연습하고 있다. 이곳도 교주의 목표에 호응하기 위해 '더' 열심한 사람이 되어야 하는 포교가 경쟁이 되어있는 곳이었다. 그리고 경쟁에서 살아남아 14만 4천 명 중 한 사람이 되기 위해 새로운 가면을 쓴다.

유사종교 이단 분파의 번식은 우리 사회의 안타까운 단면을 보여줄 뿐만 아니라, 우리 신앙 공동체를 다시금 돌아보게 한다. 차가운 세상 속에서 기댈 곳 없이 살아가는 사람들이 내 주위에 있지는 않은지, 성당에서 만나는 이들을 형제요 자매라 불러왔지만 우리는 그들을 예수님처럼 사랑하고 있는지 돌아보게 한다. 자신들 집단의 이익, 곧 이단 분파의 세(勢)를 불리기 위해 그들은 사랑이라는 가면을 쓰고 의도적으로 다가왔다. 세상살이에 지쳐가던 이들은 그들 사랑이 가면이었을지라도 따뜻함을 느꼈다. 성당에서 받아보지 못했던 사랑이었다. 그들의 사랑에 갈증은 해소되었으며 기쁨을 느꼈다. 그런데 그들의 사랑은 영혼을 파괴하고 그들의 주장에 중독되게 하는 가면일 뿐이었다.

하느님을 사랑하고 이웃을 네 몸과 같이 사랑하는 것이 모든 계명에 앞선 첫째 계명이라고 자주 들어왔다. 성당에서 예수님의 몸을 모시고 성전 밖 문을 통해 세상으로 나설 때, 그 사랑이 필요한 사람이 내 옆에 있지는 않은지, 내 가정에 있는 것은 아닌지, 내 일터에 있지는 않은지 기억해볼 일이다. 이들 소중한 내 가족이 유사종교 이단 분파에 빠져 하던 일도 포기하고 집마저 나가는 일이 생기기 전에, 나의 가족을 향한 사랑의 외양간이 잘 지어져 있는지 돌아볼 일이다. 참고 기다리며, 친절하고, 시기하지 않고 뽐내지 않으며 교만하지 않은, 무례하지 않고 자기 이익을 추구하지 않으며 성을 내지 않고 앙심을 품지 않는, 불의에 기뻐하지 않고 진실을 두고 함께 기뻐하는, 모든 것을 덮어주고 모든 것을 믿으며 모든 것을 바라고 모든 것을 견디어 내는 사랑으로 외양간을 튼튼히 마련해볼 일이다.

03 더 읽어보기

『간추린 가톨릭 교회 교리서』
사랑
사랑의 덕은 모든 것 위에 하느님만을 사랑하게 한다. 우리는 이 하느님 사랑으로 이웃을 사랑하며, 이로써 인간의 사랑은 변함없고 제한 없는 참사랑이 된다. "우리가 사랑하는 것은 그분께서 먼저 우리를 사랑하셨기 때문입니다"(1요한 4,19). "사랑은 모든 것을 덮어 주고 모든 것을 믿으며 모든 것을 바라고 모든 것을 견디어 냅니다"(1코린 13,7)(215쪽).

윤리생활과 선교

우리 주 예수께서는 참행복 선언에 이어 이렇게 당부하신다. "너희는 세상의 소금이다. 너희는 세상의 빛이다. 너희의 빛을 사람들 앞에 비추어, 그들이 너희의 착한 행실을 보고 하늘에 계신 너희 아버지를 찬양하게 하여라"(마태 5,13-14.16). 여기에서 우리는 그리스도인의 도덕적 삶이 얼마나 중요한지 알 수 있다. 우리 이웃이 하느님 아버지를 알고 아버지를 찬양하게 되는 데에는 우리의 착한 행실이 큰 몫을 한다. 우리는 스승의 말씀을 충실히 따르면서 바른 행실과 인내와 사랑으로써 우리의 선교적 소명을 완수하게 된다(230-231쪽).

『가톨릭 교회 교리서』

1823항 예수님께서는 사랑을 새로운 계명으로 삼으신다. 예수님께서는 당신 제자들을 "끝까지"(요한 13,1) 사랑하심으로써 당신께서 받으시는 성부의 사랑을 드러내신다. 제자들은 서로 사랑하여 그들에게 주신 예수님의 사랑을 본받는다. 그러므로 예수님께서는 "아버지께서 나를 사랑하신 것처럼 나도 너희를 사랑하였다. 너희는 내 사랑 안에 머물러 있어라."(요한 15,9) 하고 말씀하시며, 또 "이것이 나의 계명이다. 내가 너희를 사랑한 것처럼 너희도 서로 사랑하여라."(요한 15,12) 하고 말씀하신다.

1826항 그리고 바오로 사도는 말한다. "사랑이 없으면……나는 아무것도 아닙니다." 나의 특은과 봉사와 덕행까지도 모두 ……"사랑이 없으면 아무 소용이 없습니다." 사랑은 모든 덕에 앞선다. 사랑은 향주덕 가운데 으뜸이다. "믿음과 희망과 사랑, 이 세 가지는 계속됩니다. 그 가운데에서 으뜸은 사랑입니다"(1코린 13,13).

1827항 모든 덕의 실행은 사랑에서 활력을 얻고 사랑으로 고취된다. "사랑은 완전하게 묶어 주는 끈"(콜로 3,14)이고, 모든 덕의 바탕이며, 덕들을 연결하고 질서를 지어 준다. 애덕은 그리스도인들이 닦아야 할 덕의 근원이며 귀결이다. 애덕은 우리의 인간적 사랑의 능력을 확고하게 하고 정화한다. 애덕은 인간적 사랑의 능력을 하느님 사랑의 초자연적 완전함으로 들어 올린다.

1829항 사랑의 열매는 기쁨과 평화와 자비이며, 사랑은 친절과 우정 어린 충고를 요구한다. 사랑은 호의이며, 사랑은 상호 유대를 촉진하고 욕심이 없고 너그럽다. 사랑은 우정이며 친교이다.

2196항 모든 계명 가운데 어느 것이 첫째가는 계명인가 하는 질문에 예수님께서는 이같이 대답하신다. "첫째는 이것이다. '이스라엘아, 들어라. 주 우리 하느님은 한 분이신 주님이시다. 그러므로 너는 마음을 다하고 목숨을 다하고 정신을 다하고 힘을 다하여 주 너의 하느님을 사랑해야 한다.' 둘째는 이것이다. '네 이웃을 너 자신처럼 사랑해야 한다.' 이보다 더 큰 계명은 없다"(마르 12,29-31).

04 우리들의 노력

- 서로 사랑합시다.
- 가족의 마음에 귀를 기울여 봅니다.
- 성당에서 만나는 형제 자매에게 기쁘게 인사합니다.
- 예수님 사랑을 실천하며 살아가는 나 하나만으로도 세상에 빛과 소금이 펼쳐질 수 있음을 기억합니다.
- 사랑을 통해 맺어진 인간관계라 할지라도 성경공부 등을 통해서 새로운 집단을 소개하는 이들은 따라가지 않습니다.

25

유사종교 대책 – 건강한 신앙생활

백신이 필요했다. 질병, 혹은 병원체에 대한 후천적 면역력을 주는 의약품인 백신. 2020년, 온 세계는 백신을 기다렸다. 작은 바이러스 하나에 우리의 건강을 빼앗기지 않기 위해서는 백신이 필요했다. 당장에 백신이 만들어질 리 없으니 사람들은 저마다 마스크 착용이며, 손소독이며, 사회적 거리두기며, 각자가 바이러스를 옮기지 않는 것으로 서로를 지키고자 했다.

마치 바이러스처럼 우리들의 신앙에 슬며시 찾아들어 신앙의 건강을 빼앗아가는 이들을 유사종교 이단 분파라 했다. 2020년, 코로나19 바이러스를 통해 세상에 그 민낯을 드러낸 신천지 예수교증거장막성전을 통해서, 우리는 그들의 행동 양식이 바이러스의 확산 방식과 얼마나 닮아있는지 또한 생각할 수 있었다. 하지만 안타깝게도 그들이 당장에 없어질 리 만무하니 우리는 스스로 건강한 신앙을 지켜야 한다. 이들을 통해 우리의 믿음을 되돌아보고 그것에 감염되지 않을 면역력을 길러내야 한다. 이를 위해서 이 글을 통해 '저는 믿나이다–저희는 믿나이다'라고 우리가 고백하는 그분인 하느님은 누구신지, 우리는 무엇을 믿는지에 대해서 돌아보는 시간을 가진 것이다.

바이러스는 다양한 변이를 일으킨다고 한다. 그래서 예방접종도 광범위하게 이루어져야 한다고 한다. 우리의 신앙생활도 그러하다. 올바른 신앙에 교묘히 찾아들었던 이들이 사실 지금 시대에만 존재하는 것은 아니다. 오랜 시간 동안 그것은 다양한 변이를 일으켰다. 그리고 그것에 교회는 맞서왔다. 면역력을 증강시키며 그것과 맞서왔고, 그것과 맞서오면서 신앙은 더욱 튼튼해졌다. 예수님은 하느님이 아니라고 말하는 사람에 맞서, 하느님께서 우리와 같은 모습으로 오신 것이 그분의 얼마나 큰 공감 능력인지 알고 감사할 수 있었다. 성령은 하느님이 아니라고 하는 이들에 맞서, 우리에게 숨을 불어 넣어주시는 하느님의 생명에 기뻐할 수 있었다. 그리고 지금까지도 자신이 구원자다, 자신의 집단에만 구원이 있다, 14만 4천 명만이 구원을 받을 것이다, 종말이 곧 올 것이라고 하는 이들에 맞서 우리의 신앙을 돌아보는 기회를 가질 수 있었던 것이다.

필자는 유사종교 이단 분파로 피해를 입은 다양한 사람들을 만나고 그들과 이야기를 나누고 있다. 유사종교에 빠져 가출한 자녀를 둔 어머니가 찾아오고, 자신이 그곳에 가는 것을 막는다며 접근 금지의 법적 조치를 취한 아내를 둔 남편이 찾아오기도 한다. 엄마의 행동이 수상하다며 엄마가 이상한 곳에 가고 있는 것 같다는 자녀가 찾아오고, 같은 성당의 자매가 요즘 이상한 곳에 나가고 있는 것 같다는 본당 신자가 찾아오기도 한다. 이미 파괴된 가정을 만날 때는 아픈 가슴을 다독여야 했고, 그들의 강한 태도 앞에 방법을 찾지 못하는 무력함을 마주해야만 했다. 아직 희망의 불씨를 갖고 있는 이들을 만날 때는 놀란 가슴을 쓸어 안아줘야 했고, 무슨 일이 있어도 그를 구해내야 한다는 의욕에 가득 찼다. 그리고는 늘 생각했다. 유사종교 이단 분파들로부터 어떻게 우리 신앙인들 모두를 지켜낼 수 있을까?

앞으로 어떻게 변이될지 모른다. 하지만 우리는 그들의 다양한 변이에 아랑곳하지 않을 건강한 신앙생활을 길러낼 수 있다. 유사종교 예방의 근본적인 대책은 바로 우리의 신앙을 튼튼히 하는 것이다. 사랑하는 사람은 자주 만나고 싶고 보고 싶은 마음이 들듯이, 사랑하는 사람이 무엇을 좋아하고 무엇을 싫어하는지 알고 싶어 하듯이, 사랑하는 사람과 오랫동안 함께 하며 그 사랑을 나누고 싶어 하듯이, 우리도 하느님을 사랑하는 것이다. 하느님과 우리가 나누는 사랑. 그것이 우리의 신앙이기 때문이다. 그것이 유사종교를 막아내는 백신이요, 우리 신앙의 면역력인 것이다.